Ukachukwu Eugenia

O papel da gestão da tecnologia de escritório e os desafios de segurança

Ukachukwu Eugenia

O papel da gestão da tecnologia de escritório e os desafios de segurança

ScienciaScripts

Imprint
Any brand names and product names mentioned in this book are subject to trademark, brand or patent protection and are trademarks or registered trademarks of their respective holders. The use of brand names, product names, common names, trade names, product descriptions etc. even without a particular marking in this work is in no way to be construed to mean that such names may be regarded as unrestricted in respect of trademark and brand protection legislation and could thus be used by anyone.

Cover image: www.ingimage.com

This book is a translation from the original published under ISBN 978-620-2-07922-8.

Publisher:
Sciencia Scripts
is a trademark of
Dodo Books Indian Ocean Ltd. and OmniScriptum S.R.L publishing group

120 High Road, East Finchley, London, N2 9ED, United Kingdom
Str. Armeneasca 28/1, office 1, Chisinau MD-2012, Republic of Moldova, Europe
Printed at: see last page
ISBN: 978-620-8-02275-4

ÍNDICE

CAPÍTULO 1

- GESTÃO DE TECNOLOGIAS DE ESCRITÓRIO (OTM)

1.1 SIGNIFICADO DE GESTÃO DE TECNOLOGIAS DE ESCRITÓRIO

A gestão da tecnologia de escritório é a forma científica de gerir um escritório para conveniência humana. No passado, os escritórios eram geridos manualmente com equipamento manual, o que muitas vezes colocava as secretárias em problemas e stress por terem de fazer trabalho repetidamente, desperdiçando tempo e energia. Nos escritórios actuais, prevêem-se desafios de segurança decorrentes da automatização dos escritórios ou dos escritórios sem papel. Os gestores de escritórios são confrontados com estes desafios de segurança que, em grande medida, prejudicam o desempenho dos gestores de escritórios ou o livre fluxo de trabalho no escritório. (Ukachukwu, Esther & Abdul 2015).

A complexidade da comunicação pode estar relacionada com o leque de necessidades de informação dos indivíduos, das organizações empresariais, dos estabelecimentos governamentais ou da sociedade em geral e com os canais ou processos de comunicação. Poder-se-ia dizer que a tecnologia veio agravar o mundo da informação, pelo que todos devem esforçar-se por lidar com a gama de sistemas e equipamentos de tecnologia da informação, que, de facto, o pessoal de escritório não deve ser deixado de fora.

As funções de um escritório são receber informação, registar informação, analisar informação, fornecer informação e salvaguardar informação. Esta informação pode ser gerida através de um sistema integrado utilizador-máquina para fornecer informação de forma a apoiar as funções de operação, gestão e tomada de decisão numa organização. Este sistema utiliza hardware informático, software, people-ware, fabrico manual, uma base de dados e um modelo baseado. (Otuka et al 2010). As informações são dados que foram processados numa forma que é significativa para o destinatário e que tem um valor real percebido em acções ou decisões actuais ou futuras.

O trabalho de escritório é geralmente uma questão de tratamento e processamento de informação, apesar da utilização generalizada do telefone e mesmo dos primeiros desenvolvimentos da tecnologia informática, o trabalho de escritório também tem sido associado a quem empurra papel. O avanço da tecnologia informática e da tecnologia da comunicação (TI) deu origem a escritórios "electrónicos", termos utilizados para descrever a forma como o escritório moderno se está a desenvolver. A tecnologia informática evoluiu ao ponto de um escritório poder ter um terminal de computador (teclado e ecrã) em cada secretária, sendo os dados processados e transmitidos por terminais ligados a um computador e não através de papéis e correio interno. O software de burótica (por exemplo, a versão office da IBM) combina o correio eletrónico e a aplicação de tratamento de texto. (Ukachukwu et al 2015).

1.2 FUNÇÕES DA TECNOLOGIA DE ESCRITÓRIO

O papel da gestão da tecnologia de escritório é demasiado grande, no sentido em que os escritórios são geridos de forma moderna, o que permite obter eficiência e eficácia nas operações, na divulgação de informações tanto dentro como fora da organização ou a nível local ou internacional. A natureza e a forma da informação enviada para fora de uma organização determinam ou retratam uma "boa" ou "má" impressão da organização e, ao mesmo tempo, retratam o nível/quociente de inteligência do gestor da organização. Com a gestão da tecnologia de escritório, muitas mudanças tecnológicas de escritório estão em vigor, eliminando assim o desperdício e a perda de energia em ter que fazer ou executar algumas tarefas repetidamente. Na produção de documentos de texto, ajudou a eliminar e a acrescentar novas ideias sem ter de recomeçar o trabalho. Permite que um gestor se lembre de textos e lhes responda mesmo quando não está no escritório. Permite que a organização arquive e tenha a lista de funcionários, idade, cidade e qualificações num relance. Permite que uma organização tenha todos os assuntos relacionados com as mensagens recebidas e enviadas num relance.

O desenvolvimento do escritório eletrónico obrigou os trabalhadores de escritório a fazerem o seu trabalho de uma forma diferente. As mudanças tecnológicas provocaram alterações na estrutura da organização do trabalho. Estas, por sua vez, afectam a forma como os trabalhadores de escritório comunicam entre si, a vida "social" dos trabalhadores de escritório e o comportamento dos trabalhadores de escritório enquanto grupo.

A gestão das tecnologias de escritório inclui a utilização de computadores e de tecnologias de telecomunicações para uso interno e externo. A nível interno, trata de:

- Produção de documentos e textos (tratamento de texto, computação gráfica;
- Distribuição e arquivo de documentos (bases de dados, tratamento de imagens de documentos e correio eletrónico);
- Comunicação pessoa a pessoa (correio eletrónico, conferências por computador e quadros de avisos); enquanto que externamente, trata de
- Transferência de documentos entre organizações e pagamento que permite à organização pagar os salários dos trabalhadores sem que um mensageiro tenha de levantar dinheiro para pagar os salários dos trabalhadores;
- A base de dados pública e o serviço de informação permitem a uma organização saber, a qualquer momento, a quantidade de stock disponível. (Adegbeyeni et al 2007).

A produção de documentos e textos; o escritório "antiquado" em que a correspondência é dactilografada foi hoje substituído por métodos mais modernos de preparação ou transmissão de cartas e outras correspondências. Com o processamento de texto e a edição eletrónica, o trabalho artístico de um texto para publicação pode ser produzido num ambiente de escritório que abrange:

- A utilização de uma máquina de ditar: Esta máquina de ditar poupa tempo aos gestores, permitindo-lhes ditar as cartas, em vez de as escreverem à mão, e sem necessidade de recorrer a estenógrafos. Também ajuda a distribuir o trabalho pelos dactilógrafos, que podem dactilografar a partir das fitas da máquina de ditar a uma hora conveniente, de acordo com os seus períodos de ocupação e de silêncio. (Adegbeyeni et al 2007).

❖ O processamento de informações de texto é um software de processamento de texto que pode ser utilizado para a produção de cartas normalizadas e para a redação ou reformulação de documentos. O processamento de texto simplifica a tarefa de edição e produção de cartas dactilografadas e documentos, incluindo a adição de texto armazenado. No entanto, com as tecnologias de escritório, os gestores de escritórios podem preparar o texto verificando visualmente a entrada de dados no ecrã da unidade de visualização (VDU) à medida que são introduzidos e corrigindo os erros imediatamente (algumas verificações ortográficas podem ser integradas no software de processamento de texto como uma espécie de verificação de validação. (CTA 1999:4).

Os gestores têm igualmente a possibilidade de verificar o texto impresso e de corrigir os erros de forma fácil e ordenada, de modo que, em vez de ter de apagar os erros de dactilografia com tippex ou uma borracha semelhante, o utilizador pode rapidamente introduzir as correcções e imprimir uma nova versão corrigida do texto. É fácil para os gestores fazerem correcções mesmo no texto em discussão. Se o conteúdo do texto for discutido e, em resultado dessas discussões, forem acordadas alterações, estas podem ser efectuadas de forma rápida e simples; por exemplo, os contratos em negociação podem ser alterados desta forma. Além disso, o texto pode ser mantido em ficheiro e posteriormente atualizado, por exemplo: uma empresa pode manter os seus regulamentos e livros de procedimentos ou a sua lista de preços num ficheiro WP e actualizá-los imediatamente antes de serem reimpressos. Ajudou na edição/criação de documentos arquivados, especificando o autor, o destino e a data, e também simplificou as funções de eliminação, correção e inserção que costumavam ser feitas à mão e na atualização ou reorganização de material impresso, todas disponíveis no ecrã com o processador de texto. De facto, contribuiu enormemente para a capacidade de produzir cartas personalizadas de um tipo normalizado, para a capacidade de alterar, corrigir ou atualizar facilmente o texto no ecrã sem necessidade de redigitar todo o documento. A baixa taxa de erros no texto, a rapidez da introdução do texto e das correcções, a redução dos custos de produção do texto devido à baixa taxa de erros, a fácil formatação do texto, a melhoria da qualidade e o reforço da segurança. A utilização do computador pela autoridade é a produção de informação sob a forma de imagens, diagramas ou gráficos.

Os gestores de escritório podem utilizar os computadores do escritório para implementar sistemas informatizados de composição e composição tipográfica, embora os pacotes de software de edição eletrónica variem em termos de complexidade, pelo que alguns são adequados para o utilizador geral que produz um documento ocasional, enquanto outros são apropriados para departamentos de DTP a tempo inteiro, produzindo brochuras, relatórios de empresas e anúncios, com fotografias e trabalhos artísticos sofisticados para produção em impressoras tipográficas profissionais. (Balit 2000).

O telefone é o método mais importante de comunicação no escritório, quer através de comunicações móveis (por exemplo, rádio celular, teleimpressão), quer através de centrais telefónicas de escritório PABX. Com a introdução dos sistemas integrados de rede digital em 1990, toda a rede telefónica passou a ser digital, o que torna possível o envio de testes, dados e faxes a partir de um único computador de secretária através das ligações de telecomunicações. Isto significa que as redes informáticas podem ser alargadas a pequenas sucursais ou que vários serviços podem ser enviados através da ligação de uma só vez.

O telex é um serviço que permite aos gestores de escritório transmitir e receber mensagens impressas através de uma linha telefónica. Os utilizadores têm de ser assinantes de telex com o seu próprio equipamento de telex e número de código para poderem enviar ou receber mensagens. (Bie, Stein 1996).

O Teletex foi criado em 1980 e destinava-se a substituir o telex, sendo comparável a este último pelo facto de transmitir dados a uma velocidade 40 a 45 vezes superior à do telex. Dispõe de um conjunto completo de caracteres que podem ser utilizados nas mensagens, embora o telex não disponha desta possibilidade.

O correio eletrónico (e-mail) tem ajudado os gestores de escritório a enviar dados ou mensagens eletronicamente através da rede telefónica ou de outra rede de dados e através de um computador central, sem necessidade de enviar cartas em papel ou documentos por correio. Uma forma de correio eletrónico é um sistema de envio de "cartas e informações através de uma rede de telecomunicações, em que as informações são enviadas pelo remetente para um computador central que atribui armazenamento em disco como uma "caixa de correio" para cada utilizador. A informação é subsequentemente "recolhida" pelo destinatário a partir da caixa de correio. Por outras palavras, o destinatário não recebe a informação quando esta é enviada, mas recolhe-a mais tarde, numa altura que lhe seja conveniente.

O sistema de correio de voz permite que a mensagem do autor da chamada seja gravada na caixa de correio de voz do destinatário, à semelhança de uma caixa de correio num sistema de correio eletrónico. Este sistema requer apenas a utilização de um telefone. Não é necessário dactilografar ou teclar. Uma mensagem de correio de voz é basicamente um memorando falado para a pessoa que envia a mensagem. É muito mais cómodo do que dactilografar ou mandar dactilografar e enviar por fax. Este facto tem ajudado algumas empresas a permitir que os seus clientes utilizem a sua rede de correio de voz para deixar mensagens aos representantes da empresa. (Anderson, Jon et al 1999).

O intercâmbio eletrónico de dados (EDI) é um sistema de intercâmbio de dados de computador para computador, ou seja, é uma outra forma de correio eletrónico. O conceito geral de um computador falar diretamente com outro pode parecer bastante simples em termos de princípios, mas é difícil na prática porque cada empresa pretende produzir documentos de acordo com os seus próprios requisitos e estrutura individuais. As diferentes marcas de computadores não podem "falar" facilmente umas com as outras e as empresas podem trabalhar com horários diferentes, especialmente quando estão envolvidas no comércio internacional.

A transferência eletrónica de fundos (TEF) descreve um sistema em que os gestores podem utilizar o seu sistema informático para transferir fundos, quer fazendo pagamentos a um fornecedor, quer pagando salários para a conta bancária dos empregados ou para outra conta, enviando dados electrónicos para o seu banco.

1.3 PERDA DE DOCUMENTOS IMPORTANTES

Ao transmitir dados através de um fio telefónico público ou privado, existe a possibilidade de distorção ou perda da mensagem (ou "ruído"). O vírus informático é um software malicioso escrito para tentar deliberadamente destruir de alguma forma o computador de alguém. São instruções ou códigos que foram escritos para se reproduzirem ao ligarem-se a outros programas sem o conhecimento do utilizador.

A maioria dos indivíduos e organizações empresariais perderam documentos importantes devido a disquetes corrompidas e estes são documentos que não podem ser substituídos de forma alguma. Otuka et al 2010). Por conseguinte, a fim de ajudar os gestores de escritório no desempenho das suas funções de forma muito eficaz e eficiente, o computador deve ser capaz de

- Detetar se existem erros na transmissão de dados, por exemplo, perda de dados ou dados que chegam fora da sequência em que são transmitidos.

- Tomar medidas para recuperar os dados perdidos, mesmo que isso implique apenas que o operador telefone ao remetente da(s) mensagem(ns) a dizer que todo o pacote de dados terá de ser retransmitido. No entanto, pode ser utilizado um sistema mais sofisticado para identificar mais especificamente os dados corrompidos ou perdidos e solicitar a retransmissão apenas da parte perdida ou distorcida.

1.4. ACESSIBILIDADE/INACESSIBILIDADE DOS DOCUMENTOS COMO QUANDO NECESSÁRIO

O utilizador de escritório pode aceder à informação fornecida por uma organização fornecedora de informação utilizando os serviços pré-pagos das telecomunicações britânicas. No entanto, devido ao desenvolvimento dos sistemas informáticos, deve questionar-se se alguma correspondência é efetivamente necessária em papel. Pode ser adequado manter muitas informações em ficheiros informáticos, quer em sistema magnético (DIP), que um utilizador pode obter chamando-os para um ecrã VDU. Mas a utilização de uma palavra-passe impossibilita o acesso à informação sempre que necessário. (Ukachukwu et al 2015).

1.5. MINIMIZAÇÃO DOS RISCOS NO ESCRITÓRIO

A transferência eletrónica permite aos gestores de empresas não incorrerem no risco de perda de fundos através de assaltantes armados por terem de pagar aos seus trabalhadores através do banco, bastando dar instruções ao banco sobre a ordem de pagamento ao pessoal listado e o montante a pagar a cada funcionário. A Caixa Automática ajudou realmente os indivíduos, os escritórios ou as empresas a ultrapassar o risco de histórias sobre dinheiro que foi dado por uma pessoa a um indivíduo ou a uma organização, ou histórias sobre dinheiro que foi dado a uma pessoa para comprar algo. A utilização de caixas automáticas (ATM) na compra de artigos e no pagamento em linha evitou totalmente estes problemas. Os gestores de escritório fazem as suas compras em linha, evitando assim que caiam nas mãos de pessoas fraudulentas. Já lá vai o tempo em que o envio e a receção de informações ou, mais precisamente, a troca de ideias entre pessoas demorava dias, semanas ou mesmo meses e com instrumentos rudimentares antes de a tarefa ser cumprida. Hoje em dia e graças a estes instrumentos tecnológicos, o envio e a receção de informações e a troca de ideias são efectuados numa questão de segundos. As ferramentas tecnológicas tornaram a vida nos escritórios e mesmo em casa muito mais fácil para as pessoas. Várias tarefas podem agora ser realizadas numa questão de momento. A energia, os custos e outros riscos relacionados são minimizados. Estas ferramentas tecnológicas são utilizadas para recolher, processar, analisar, transmitir, armazenar, recuperar informações, conhecimentos, dados, etc. Permitem que as pessoas troquem dados e realizem debates em qualquer parte do mundo, permanecendo nas suas casas ou escritórios, reduzindo assim, pelo menos, o congestionamento do tráfego (Eze, 2006).

1.6. TOMADA DE DECISÕES FÁCIL NO ESCRITÓRIO

As ferramentas tecnológicas dão às pessoas a oportunidade de discutir novos planos de desenvolvimento, problemas de investigação e resultados de investigação para fins de desenvolvimento em todos os sectores da vida: educação, saúde, banca, política, transportes, turismo, agricultura, comércio, etc. Estas tecnologias tendem a fornecer informações precisas e fiáveis e com a maior rapidez possível. Devido à velocidade, precisão, fiabilidade, quantidade de informação que pode armazenar de cada vez e à facilidade com que a informação pode ser recuperada, o computador tornou-se uma ferramenta comum em escolas, lares, escritórios, hospitais e indústrias. O computador é utilizado nos escritórios para realizar trabalhos administrativos complexos, tais como a preparação de comprovativos, o cálculo dos números do recenseamento, o registo dos eleitores e a contagem dos votos, etc. Na tarefa de ordenação, o computador fá-lo de forma muito eficiente. Por conseguinte, as informações são dados que foram colocados num contexto significativo e útil e comunicados a um destinatário que os utiliza para tomar decisões. A informação implica a comunicação e a receção da inteligência ou do conhecimento. Notifica, surpreende e estimula, reduz a incerteza, revela alternativas adicionais ou ajuda a eliminar alternativas irrelevantes ou de má qualidade e influencia e estimula o indivíduo a agir, especialmente nos negócios. A informação deve dar sinais de alerta precoce e retratar o futuro. Isto significa que os gestores devem obter informações a partir de um sistema ou procedimento que produza as informações a partir dos dados recolhidos. Os gestores modernos tomam decisões para resolver problemas e a informação é utilizada na tomada de decisões. A informação é apresentada de forma oral e escrita por um processador de informação. A parte informática do processador de informação contém cada uma das seguintes áreas de aplicação baseadas em computador: (1) Sistema de processamento de transacções, também conhecido como informação contabilística, sistema eletrónico de processamento de dados (2) Sistema de relatórios de informação (3) Sistemas de apoio à decisão (4) Sistema de automatização de escritório ou sistema de informação de escritório ou escritório virtual. (5) Sistema de Informação Executiva (6) Inteligência Artificial ou Sistemas Periciais.

No sector da aviação, o computador ajuda a monitorizar os programas espaciais. As forças armadas e a polícia utilizam-no para detetar inimigos e criminosos. Desempenha um papel vital na vida dos doentes nos hospitais, estudando as doenças, acelerando os testes laboratoriais, examinando os doentes, induzindo estímulos médicos e realizando outras tarefas de rotina que, de outra forma, poderiam consumir mais tempo e energia dos médicos e enfermeiros.

A Internet é um conjunto global de computadores organizados em rede com o objetivo de partilhar e distribuir informações. Todos os computadores na Internet trabalham em conjunto para transferir/difundir mensagens/informações em todo o mundo. A Internet permite a colaboração académica entre investigadores, estabelecimentos comerciais, agências internacionais, etc., bem como estabelece uma plataforma de fácil utilização e proporciona acesso académico e de investigação para a partilha de experiências a nível mundial. A Internet oferece benefícios reais e abre as portas à educação multicultural. Estabelece experiências de aprendizagem no mundo real e convida a competências de pensamento de ordem superior e aumenta a motivação para o nosso desenvolvimento. A banca pela Internet ajudou muito o sector bancário.

O telefone é o instrumento tecnológico mais utilizado. Hoje em dia, é utilizado por quase toda a gente, em todo o lado e a toda a hora, especialmente o sistema de telefonia móvel (GSM). Tem a vantagem do imediatismo. Podemos estar em qualquer lugar e a qualquer momento e enviar ou receber informações de ou para os nossos familiares ou colegas de trabalho sobre o que fazer ou o que não fazer, bastando para isso premir um botão nos nossos GSM. O telefone contribuiu muito para o desenvolvimento dos escritórios, dos transportes, do turismo, do comércio e das trocas comerciais. De facto, mudou realmente a face dos nossos escritórios de analógicos para digitais. (Eze C, 2006).

1.7 REDUÇÃO DO RISCO DE INCERTEZA NO ESCRITÓRIO

As funções da tecnologia de escritório ajudaram efetivamente a reduzir o risco de incerteza nos escritórios, tanto entre os funcionários como nas relações com os clientes, conforme o caso. Ajudou a minimizar o risco em todas as ramificações no que diz respeito aos serviços bancários electrónicos, ao envio de mensagens ou de correio eletrónico de um local para outro sem que seja necessário deslocar-se a um determinado local. Ajudou a otimizar a tomada de decisões no controlo do funcionamento do ambiente industrial e global. O escritório pode tomar decisões sem perda de tempo com base no nível de eficiência e eficácia do escritório, caracterizado pelas tecnologias de escritório existentes. Ajudou no controlo do orçamento nos escritórios e mesmo na nação em geral. Ajuda a planear estratégias e pontos para atingir as metas ou objectivos da empresa. É por isso que o processamento de dados é visto como uma atividade destinada a produzir informação a partir de dados, que consiste em recolher os dados brutos, avaliá-los, ordená-los e colocá-los numa perspetiva adequada, de modo a produzir informação útil, ajudando assim a reduzir o risco no escritório. Todo o processamento de dados, quer seja feito à mão ou através do mais recente sistema informático, consiste em três actividades básicas: (1) captar os dados de entrada, (2) manipular os dados, (3) e gerir os resultados de saída. É evidente que os dados têm de ser originados de alguma forma e verificados quanto à sua exatidão antes de serem processados, podendo ser registados em papel, em alguns documentos e depois convertidos numa forma utilizável por máquina para processamento, ou podem ser capturados diretamente numa forma legível por máquina sem papel, como em:

- Certificar-se de que verifica ou valida os dados para garantir que foram captados e registados corretamente. Exemplos disso são o facto de uma pessoa rever o trabalho de outra, a utilização de dígitos de controlo em estruturas de codificação, etc., na manipulação dos dados.

• Certificar-se de que os dados especificam categorias que dão sentido ao utilizador, por exemplo, os dados de vendas podem ser classificados como tipo de inventário, dimensão, cliente ou mulher de vendas.

• Certificar-se de que pode organizar, colocando os elementos de dados numa sequência especificada ou pré-determinada; por exemplo, um ficheiro de inventário pode ser organizado por código de produto, nível de atividade, valor monetário ou por quantidade de outro atributo codificado no ficheiro e considerado desejável por um utilizador.

• Deve ser capaz de resumir ou agregar elementos de dados através da redução de dados no sentido lógico, como no exemplo em que o gestor de pessoal pretende uma lista de nomes de empregados afectos a um departamento num formulário.

• Deve ser capaz de efetuar a manipulação aritmética ou lógica do cálculo de dados para obter o salário dos empregados, a fatura do cliente, a média das notas. Os cálculos sofisticados incluem a programação linear, a previsão, etc., e a gestão dos resultados.

• Deve ser capaz de armazenar e colocar dados num suporte de armazenamento, como fita magnética, disco, etc., para que possam ser recuperados quando necessário.

- Deve ser capaz de recuperar, procurar e aceder a elementos de dados específicos a partir do suporte onde estão armazenados.
- Deve ser capaz de comunicar, transferir dados de um local ou operação para outro, para utilização ou para processamento posterior, o que constitui uma comunicação de dados e deve continuar até que a informação esteja numa forma utilizável e chegue ao utilizador final.

Deve ser capaz de reproduzir e duplicar dados de um meio para outro ou para outra posição no mesmo meio, como um ficheiro de dados armazenado num disco magnético que pode ser reproduzido noutro disco magnético ou numa fita magnética para processamento posterior ou por razões de segurança. (Evernest G.C 1997).

1.8 MUDANÇAS TECNOLÓGICAS NO ESCRITÓRIO

A tecnologia está sempre a mudar, pelo que os gestores de escritório devem receber formação e reciclagem para acompanharem as tendências actuais da tecnologia. Os trabalhadores que não conseguem trabalhar com as novas tecnologias têm de receber formação sobre as tecnologias mais recentes para se manterem a par das mais recentes tecnologias e, assim, poderem trabalhar com as tendências tecnológicas. Os trabalhadores devem ser incentivados a participar em seminários e workshops.

Os trabalhadores devem receber formação contínua para se adaptarem às mudanças na sua profissão devido a alterações tecnológicas na expansão ou contração do emprego. Os estabelecimentos governamentais e as organizações privadas que não incentivam os seus trabalhadores a participar em seminários e workshops negam-lhes a oportunidade de se manterem a par das mais recentes tecnologias, tornando-os assim incapazes de funcionar de forma eficaz e eficiente. Do mesmo modo, um indivíduo que gere uma empresa deve poder frequentar acções de formação/reciclagem para se manter a par das tecnologias mais recentes, a fim de se autonomizar, caso contrário será considerado obsoleto e incapaz de funcionar (Aina, 2006).

1.9 COMPETÊNCIAS ESPERADAS DE UM PESSOAL (chefe de escritório)

Espera-se que o pessoal (gestor de escritório) no escritório adquira as competências e os conhecimentos básicos das práticas comerciais actuais e acompanhe as mais recentes mudanças tecnológicas. O pessoal (gestor de escritório) deve possuir conhecimentos que lhe permitam aumentar a produção em técnicas de teclado, exercícios de artes da linguagem (ortografia, apóstrofo e concordância verbal), para além da medição de competências e do progresso dos registos. O pessoal deve estar equipado com uma capacidade de produção melhorada e uma produção integrada de projectos de dactilografia.

O teclado GWERTY é parte integrante de muitas máquinas e é o meio básico de comunicação rápida de dados. As famílias, nos seus tempos livres, utilizam o teclado do computador pessoal para jogar jogos electrónicos, para calcular o imposto sobre o rendimento, para encontrar respostas a problemas; nos negócios. É utilizado para dactilografar uma imensa variedade de correspondência, para introduzir e recuperar informações, para calcular, para transmitir e receber comunicações electrónicas a nível local, nacional e internacional. (Coles - Mogford & Drummond, 2000).

1.10OBTENÇÃO DE EFICIÊNCIA NO ESCRITÓRIO

Na aplicação de ferramentas tecnológicas num escritório para alcançar a eficiência, o teclado do computador deve ser aprendido exaustivamente, a fim de expor uma pessoa ou um indivíduo aos aspectos técnicos e às regras de produção de documentos normalizados ou de obtenção de bons resultados, tais como cartas de notícias, documentos jurídicos, documentos técnicos, documentos literários, documentos financeiros e comunicações electrónicas. As exposições devem ser capazes de inculcar numa pessoa as competências que conduzem a uma manipulação proficiente e eficiente do teclado com um toque de mestria. (Coles - Mogford et al, 2000).

O teclado do computador deve ser manuseado com facilidade e sem ter de bater nas teclas do teclado com um dedo. O indivíduo deve ser exposto à posição sentada correta para evitar a fadiga, bem como regular a distância entre o indivíduo e o teclado do computador. O indivíduo deve ser exposto a tudo o que é necessário para a produção eficaz de documentos normalizados; por exemplo, perfuração de precisão, visualização, disposição das letras, tamanhos de papel, tabulação, etc. Um indivíduo deve conhecer todas as intrigas que se espera que conheça na produção de um documento normalizado, porque o ato de compor diferentes tipos de documentos é comum entre os gestores de escritório. Os gestores de escritório têm um bom domínio do teclado, pelo que devem conhecer todos os aspectos da produção de documentos comerciais normalizados. Todos os aspectos técnicos necessários para a produção de documentos normalizados são melhor e mais facilmente executados no computador do que nas máquinas manuais, mas o computador não pode funcionar por si só, mas funciona com base em comandos introduzidos pelo utilizador (Ukachukwu & Shitu, 2015).

Observou-se que alguns dos utilizadores de computador manipulam o teclado de qualquer forma ou introduzem dados sem respeitar as regras e os regulamentos concebidos para produzir um determinado documento, acabando por produzir documentos que não estão em conformidade com as normas da empresa e da indústria, tanto em termos de forma como de tipo. Por conseguinte, acredita-se que alguns utilizadores de computadores não passam por uma formação sistemática, mas aprendem a manipular o teclado, pelo que a sua produção é muito fraca. Para ser eficiente no escritório, deve ser adquirido um movimento suave e correto dos dedos e a manipulação da parte do teclado que não é de impressão. O facto de a utilização de tecnologias de escritório trazer eficiência aos escritórios justifica que um escritório queira ligar os seus computadores a outros, a fim de alcançar uma maior eficiência no escritório.

❖ Para transferir ficheiros entre o computador e outro tipo de computador com discos incompatíveis;

❖ Enviar mensagens a pessoas com outros computadores e receber mensagens dessas pessoas é o que se chama correio eletrónico;

❖ Para aderir a grupos de utilizadores ou listas de correio, que são uma espécie de quadro de avisos em linha;

❖ Para aceder a informações armazenadas noutros computadores remotos, tais como vendas, inventário e outras informações internas, no caso dos computadores da sua organização, ou informações financeiras e económicas, no caso do sistema público;

❖ Para atualizar os ficheiros da sua organização quando se encontra fora da base;

❖ Para partilhar ficheiros com outros utilizadores no seu escritório ou organização.

CAPÍTULO 2

INOPERÂNCIA NO ESCRITÓRIO

2.1 OCIOSIDADE NO ESCRITÓRIO

A tecnologia faz uso da eletricidade e, sem eletricidade, será impossível utilizar as máquinas e o equipamento. A necessidade de eletricidade desta nação tem de ser melhorada se quisermos beneficiar dos ganhos da tecnologia (Chedikwa, 2004). A eletricidade dificulta o fluxo de trabalho no escritório. Este facto contribuiu realmente para que os trabalhadores nos escritórios de hoje fiquem inactivos quando há trabalhos ou tarefas a realizar. Porquê? Porque os trabalhadores se deleitam com o facto de "não haver luz". Há dias em que se dão desculpas pela falta de luz para dactilografar o trabalho e dias em que se dão desculpas pela impressão do trabalho. Por vezes, para questões de esclarecimento, são necessárias semanas para voltar a chamar a atenção para essas questões. Para o sector bancário, a questão por vezes é a falta de "rede" e o trabalho é interrompido e os clientes são mantidos em quarentena durante horas, frustrando assim os clientes. É neste contexto que a energia, o tempo e o dinheiro estão a ser desperdiçados nas visitas diárias aos nossos escritórios, sem resultados úteis, quando os serviços solicitados são extremamente necessários. É verdade que o papel da tecnologia não pode ser demasiado enfatizado, daí que Eze in Eyitayo e Eyitayo, (2006) tenham encarado os desafios da inovação tecnológica com algum tipo de pessimismo, argumentando que consome quantidades prodigiosas de tempo e dinheiro para produzir poucos efeitos.

2.2. INEFICÁCIA DO PESSOAL DE ESCRITÓRIO (chefe de escritório)

A utilização das tecnologias exige um domínio profundo das operações ou manipulações das ferramentas ou máquinas utilizadas. Exige competências que têm de ser comprovadas e não reivindicadas pelo seu possuidor. Por conseguinte, a falta de formadores/professores especializados nestas competências orientadas para o trabalho afecta o desempenho dos trabalhadores nos nossos escritórios de hoje. Mesmo quando afirmam que receberam formação ou que se licenciaram nas nossas instituições, não conseguem atuar no escritório simplesmente porque não foram devidamente formados no curso de formação. Se o formador/professor não tem nada para oferecer, de certeza que os formandos não vão assimilar nada e torna-se uma espécie de "lixo que entra e lixo que sai". Um cego não pode guiar um cego, pelo que o desempenho da maioria dos trabalhadores dos gabinetes é muito fraco em termos de manipulação operacional das ferramentas tecnológicas do gabinete. Para garantir a eficácia dos trabalhadores nos serviços, deve ser colocado pessoal especializado para formar/ensinar as competências corretas para a eficácia. O facto de a formação inicial de alguns dos trabalhadores ser má desde o início, faz com que tenham dificuldade em adotar as práticas corretas e façam as coisas de uma forma inaceitável, o que provoca ineficácia no serviço.

2.3. CAPACIDADES ORGANIZACIONAIS

Na maioria das organizações, o tipo de ferramentas tecnológicas utilizadas depende da capacidade financeira da organização. Algumas organizações estão a avançar ao mesmo ritmo da tecnologia, enquanto outras estão a ficar para trás. É por isso que algumas organizações ainda estão a utilizar máquinas manuais na sua produção ou serviços. Isso significa que algumas organizações se tornaram digitais, enquanto outras ainda estão a funcionar de forma analógica. A questão é: será que todos os escritórios ou organizações podem ser forçados a avançar ao mesmo ritmo tecnológico? A resposta é não. Por conseguinte, espera-se que os escritórios ou organizações se movam ou cedam à mudança tecnológica de acordo com as suas capacidades financeiras.

Os gabinetes ou organizações que podem recorrer à aquisição de ferramentas tecnológicas devem também dispor de funcionários que possam utilizar as máquinas/equipamentos de forma eficaz e eficiente. Ao mesmo tempo, devem ter uma cultura de manutenção para manter continuamente estas máquinas em utilização. Em alternativa, a organização deve ser capaz de substituir as máquinas avariadas por novas. Por conseguinte, os escritórios ou organizações que ainda operam à moda antiga devem esforçar-se por acompanhar as mudanças tecnológicas, uma vez que poupam tempo, energia e garantem a qualidade tanto da produção como dos serviços.

2.4. ATITUDE DA DIRECÇÃO EM RELAÇÃO À AQUISIÇÃO DE FERRAMENTAS TECNOLÓGICAS E DE BENS CONSUMÍVEIS.

T s direcções da maior parte das organizações não se preocupam em equipar os seus escritórios com as ferramentas tecnológicas necessárias. Simplesmente porque desviam o dinheiro destinado à aquisição destas máquinas para outras coisas do seu interesse, para se equiparem e enriquecerem os seus bolsos. Preferem enriquecer os seus bolsos a equipar os seus gabinetes. Até o dinheiro para despesas é desviado. Assim, os trabalhos a efetuar nos gabinetes são muitas vezes contratados fora e, mesmo quando são feitos no gabinete, os materiais de consumo não estão disponíveis e o dinheiro para os comprar não está disponível, pelo que recorrem à dactilografia da maior parte dos documentos, mas contratam a impressão fora, devido à indisponibilidade de dinheiro para os materiais de consumo, como a tinta para a impressão. Por isso, Salami (2002) afirma que, mesmo quando estas infra-estruturas estão disponíveis, é necessário disponibilizar fundos (imp-rest) para o fornecimento de consumíveis, a fim de permitir a utilização adequada das máquinas e do equipamento. Se as máquinas e o equipamento estiverem disponíveis, mas o dinheiro para as despesas não tiver sido disponibilizado, as máquinas/equipamento são como se não existissem, uma vez que não podem ser utilizadas corretamente.

2.5. MANUTENÇÃO DE FERRAMENTAS TECNOLÓGICAS NO ESCRITÓRIO

As máquinas ou os instrumentos tecnológicos utilizados nos escritórios estão sujeitos a desenvolver falhas, pelo que as pessoas devem receber formação sobre a manutenção destas máquinas e equipamentos, para que os nossos escritórios não fiquem repletos de máquinas/equipamentos não funcionais. Apesar do elevado custo da manutenção e da escassez de técnicos especializados, a maioria dos estabelecimentos recorre à compra de novas máquinas em vez de manter as máquinas/equipamentos existentes. Todos os estabelecimentos devem adotar uma cultura de manutenção de tempos a tempos para evitar que as máquinas/equipamentos sejam completamente destruídos (Hill 2000). Deve ser adoptada uma manutenção regular das máquinas/equipamentos, de modo a que estas instalações sejam submetidas a verificações de rotina, assistência e reparações quando avariam. Em muitas ocasiões, as peças gastas têm de ser substituídas, caso contrário as máquinas/equipamentos permanecerão imobilizados, privando assim o livre fluxo de trabalho nos nossos escritórios. As mudanças tecnológicas são rápidas e os sistemas informáticos, tanto de hardware como de software, são susceptíveis de serem substituídos ao fim de alguns anos por algo ainda melhor. Os técnicos de manutenção informática não estão muitas vezes dispostos a celebrar contratos de manutenção para hardware com mais de alguns anos, pelo que as organizações são forçadas a considerar uma política de substituição regular dos sistemas de hardware. Atualmente, os nossos escritórios estão repletos de computadores que não funcionam. A questão que se coloca é quando é que este problema de substituição vai acabar? Para atenuar esta questão da substituição e da avaria frequente destes computadores, a tónica deve ser colocada na cultura de manutenção. Muitas vezes, o trabalho é interrompido no escritório devido à avaria e ao não funcionamento do equipamento de escritório. (Ukachukwu et al 2015).

CAPÍTULO 3

BANCA TECNOLÓGICA

3.1. CAIXA AUTOMÁTICO (ATM)

Trata-se de uma máquina semelhante a uma caixa de banco humana que o ajuda a realizar a sua atividade bancária. No passado, a sociedade tradicional e antiga era desprovida de quaisquer instrumentos monetários e toda a troca de bens e mercadorias era gerida pelo "sistema de troca direta". A utilização de instrumentos monetários como unidade de troca substituiu o sistema de troca direta e o dinheiro em várias denominações foi utilizado como único poder de compra. A era moderna substituiu estes instrumentos monetários tradicionais, de uma moeda baseada em papel e metal para "dinheiro de plástico" sob a forma de cartões de crédito, cartões de débito, etc. Este facto resultou na utilização crescente de caixas automáticas (ATM) em todo o mundo.

3.2. BANCA ELECTRÓNICA

Nos últimos anos, os bancos tornaram os seus serviços cada vez mais cómodos através da banca eletrónica. A banca eletrónica utiliza computadores para efetuar transferências de dinheiro. Donell (2006) considerou a banca eletrónica como os serviços bancários a que os consumidores podem aceder, através de um sistema de rede ou de uma ligação à Internet a um centro informático de um banco, para realizar tarefas bancárias, receber e pagar facturas, etc. Muitos outros serviços financeiros podem ser acedidos através da Internet. Para a maioria das pessoas, a banca eletrónica significa acesso 24 horas por dia a dinheiro através de um ATM ou cheques de pagamento depositados diretamente em contas correntes ou de poupança (Hillier 2002). De acordo com Diniz (1998), a banca eletrónica engloba uma vasta gama de tecnologias estabelecidas e emergentes. Algumas são produtos e serviços "front end" que os consumidores escolhem, como os cartões ATM e os serviços bancários informatizados; outras são tecnologias "back end" utilizadas pelas instituições financeiras, comerciantes e outros prestadores de serviços para processar transacções, como a conversão eletrónica de cheques. Algumas estão ligadas a uma conta bancária do cliente, outras não estão relacionadas com uma conta bancária, mas armazenam valores monetários numa base de dados ou diretamente num cartão.

3.3. BANCA ELECTRÓNICA NA NIGÉRIA

Os bancos nigerianos tentaram satisfazer e reter os seus clientes na atual era pós-consolidação, o que, sem dúvida, depende em grande medida do desenvolvimento das suas infra-estruturas de tecnologias da informação (TI). Na tentativa de acompanhar a evolução global e melhorar a qualidade da sua prestação de serviços, os bancos nigerianos investiram muito em tecnologia e adoptaram amplamente as redes electrónicas e de telecomunicações para fornecer uma vasta gama de produtos e serviços de valor acrescentado. Nos últimos anos, passaram de sistemas manuais para sistemas automatizados. De acordo com Ezeoha (2005), a moda do comércio eletrónico, da banca eletrónica e de tudo o que é eletrónico está a ser gradualmente adoptada pelas instituições financeiras nigerianas, que estão preparadas para estar na vanguarda da redução do fosso digital. No seu inquérito sobre o grau de adoção do e-banking pelos bancos nigerianos, o Banco Central da Nigéria (CBN), em setembro de 2002, constatou que, dos 89 bancos autorizados no país, apenas 17 dispunham de serviços de ATM (Automated Teller Machines), enquanto 13 dos bancos ofereciam outras formas de e-banking. Isto significa que, nessa altura, 19,1% dos bancos ofereciam serviços bancários através da Internet, o que significa que os serviços bancários através da Internet ainda não tinham assumido um papel central, apesar das suas vantagens amplamente aclamadas em relação à prática bancária manual (Ezeoha 2005). Atualmente, estes números aumentaram muito e ajudaram a alcançar a segurança e a conveniência. Esta segurança e conveniência do e-banking tornou possível o pagamento de contas de compras, contas de eletricidade, propinas escolares, contas de telefone, prémios de seguros, contas de viagens e até contas de gasolina. A comodidade e a segurança da utilização dos cartões de crédito resultaram num aumento do volume e da utilização dos cartões de crédito.

3.4. PROBLEMAS DA BANCA VIA INTERNET

A razão pela qual a banca pela Internet estava a ter um impacto económico moderado no país inclui:

- Falta de infra-estruturas operacionais adequadas, como telecomunicações e eletricidade. A utilização da Internet no país tem sido utilizada de forma abusiva por cibercriminosos, tornando assim a sua janela pouco atractiva para operações bancárias nacionais e operações internacionais legítimas.

- O receio associado à utilização de serviços bancários pela Internet na Nigéria é reforçado pelas provas crescentes, em todo o mundo, de que nigerianos duvidosos utilizam sítios bancários falsos para extorquir fundos a vítimas inocentes e, nalguns casos, utilizam sítios bancários existentes para estes crimes.

- Existe um limite para o montante levantado por transação.

- Não é uma empresa amiga do cliente, se tiver algum problema, é o utilizador e a máquina e mais ninguém.

- Não é um sistema de segurança, o que significa que o seu cartão multibanco pode ser clonado.

- Existem erros devidos a problemas mecânicos e informáticos. Pode, por vezes, dar-vos menos do que o vosso saldo.

- É propenso a fraudes, uma vez que a maioria dos assaltantes obriga as vítimas a darem-lhes o cartão multibanco e o número PIN, que utilizam rapidamente para levantar todo o dinheiro existente na conta da vítima.

- Falta-lhe privacidade porque o levantamento é feito na presença de pessoas.

- Torna-se vítima de roubo, uma vez que alguns assaltantes estão sempre na caixa multibanco a vigiar os clientes que estão a levantar dinheiro. Qualquer pessoa que levante uma quantia razoável de dinheiro, segue o cliente e rouba-lhe o dinheiro num local conveniente, sem que o cliente saiba que está a ser vigiado.

- Avarias frequentes: Muitas vezes, o ATM não está sempre a funcionar; é propenso a estragar-se, o que muitas vezes deixa um ou dois ATMs a funcionar, causando assim atrasos e perda de tempo.

- A falha da rede é um problema grave da ATM, uma vez que a sua língua oficial está fora de serviço em tempo indeterminado, mesmo durante o funcionamento.
- Impossibilidade de imprimir os dados da transação. Está quase a tornar-se uma tradição as caixas automáticas não emitirem aos clientes a impressão da transação, porque só de vez em quando é que se vê a caixa automática a imprimir o recibo da transação.
- A incapacidade de distribuir dinheiro; muitas vezes o ATM está a funcionar mas não consegue distribuir dinheiro.
- Taxas de serviço: a não ser que levante dinheiro da sua própria conta na caixa multibanco do seu banco, o seu levantamento é objeto de duas taxas de serviço: uma para o proprietário da caixa multibanco e outra para o seu banco.

3.5. IN-SEGURANÇA DOS CAIXAS AUTOMÁTICOS

O risco associado à ATM é o facto de as pessoas se fazerem passar por funcionários do Banco Central da Nigéria (CBN) ou do banco comercial, contactarem os clientes e obterem os seus números de identificação, com os quais desviam todo o dinheiro da conta dos clientes. O ATM deveria ser construído de forma a poder tirar fotografias instantâneas da pessoa ou pessoas que levantam dinheiro de uma conta, o que ajudaria a deter os ladrões. A questão da inexistência de serviços de rede está, de facto, a militar contra os ganhos do ATM, porque muitas vezes os clientes não recebem dinheiro do ATM quando precisam, o que os obriga a ir ao banco para verem as suas necessidades satisfeitas. Por outro lado, as avarias habituais das ATM agravam este problema, o que leva os clientes a recorrerem ao banco para as suas transacções. Devem ser envidados esforços no sentido de reduzir os problemas da rede e de garantir que as caixas automáticas estejam funcionais, a fim de atenuar os problemas dos clientes que fazem fila no banco durante horas antes de efectuarem uma transação.

3.6 VANTAGENS DOS CAIXAS AUTOMÁTICOS (ATM)

De acordo com Brain (2000), os benefícios que podem ser obtidos com a utilização de ATM são tão numerosos como os seguintes

- Acesso flexível à conta, que permite aos clientes acederem às suas contas de acordo com a sua conveniência.

- O pessoal dos bancos não é obrigado a estar presente nas transacções, pelo que tem mais tempo para servir os clientes.

- Aumento do horário de funcionamento adequado aos clientes/horários.

- É possível alcançar mais clientes para além da rede de agências, por exemplo, em centros populacionais mais pequenos.

- Estão disponíveis mais fundos a baixo custo porque os ATMS facilitam aos clientes o depósito de poupanças.

- Poupa tempo em vez de ficar em fila de espera.

- Reduz a carga de trabalho dos caixas bancários.

- Poupa dinheiro ao cliente, uma vez que os levantamentos ao balcão têm uma taxa. Mas os levantamentos em ATM são gratuitos, exceto se não for o seu banco.

- É mais rápido devido à rapidez do levantamento do que com os levantamentos de balcão.

- É cómodo de utilizar, uma vez que a operação e a manipulação são muito simples e compreensíveis para todas as classes de pessoas.

- É fiável devido ao serviço de 24 horas que garante a qualquer cliente a oportunidade de levantar dinheiro em qualquer altura.

- Oferece uma oportunidade de segurança, uma vez que não é necessário transportar grandes quantidades de dinheiro e estar exposto a ladrões3 , mas sim levantar o montante necessário para o dia ou mesmo para uma compra específica.

- Evitar os bancos; com uma caixa multibanco, pode verificar o seu saldo, fazer depósitos e transferir dinheiro entre contas sem entrar num banco ou aceder à Internet.

3.7. LADRÕES DE CAIXAS MULTIBANCO, ASSALTANTES OU PASSADORES

As operações dos ladrões nas caixas automáticas colocam scanners de cartões de crédito discretos nas ranhuras que copiam as informações do seu cartão de crédito e lhes permitem fazer compras com ele. Estas são apenas variações da velha prática de "skimming" de cartões de crédito, através da qual um empregado de mesa ou outro profissional de serviços passa o seu cartão de crédito para um dispositivo que o copia para ser utilizado mais tarde, sob o pretexto de o passar para pagar a sua conta. Outra forma de atuação dos ladrões no multibanco é a prática de os criminosos se colocarem na fila atrás de si, observando-o a introduzir o seu código PIN e, mais tarde, roubando-o para lhe tirarem o cartão de crédito e o utilizarem para levantar dinheiro. Há também criminosos que colocam câmaras ocultas discretas nas caixas automáticas para registar o seu PIN quando o introduz sem sequer estar lá. Mais uma vez, isto pode ser feito sob a forma de "teclados falsos" que se sobrepõem aos teclados existentes sem serem notados, de modo a captar o seu PIN. Além disso, existem "caixas automáticas falsas" que podem parecer verdadeiras, mas que, ao introduzir o seu cartão, se limitam a ler o seu cartão e a registar o seu PIN à medida que o introduz, informando-o de que não há dinheiro para levantar. Muitos dos dispositivos/métodos de roubo de PINs acabam por funcionar muito bem em conjunto com os dispositivos de cópia de cartões, permitindo aos criminosos levantar dinheiro de outros ATMs e potencialmente (com informação suficiente). Emeka (2007) afirma que, à medida que o número de titulares de cartões ATM continua a aumentar diariamente em resultado da sensibilização para o pagamento eletrónico e da instalação de mais de 3000 caixas ATM pelos bancos nigerianos em todo o país, as actividades dos autores de fraudes com cartões parecem estar a aumentar. A maioria dos bancos nigerianos, nomeadamente o United Bank for Africa, advertiu os utilizadores de cartões ATM em todo o país contra a divulgação dos dados do seu cartão ATM a terceiros, devido aos autores de fraudes que se diz estarem à espreita. Diehold (2002) refere algumas fraudes em ATM num artigo intitulado "ATM Fraud and Security". Foram descritas as seguintes técnicas.

Roubo de cartões: Num esforço para obter cartões reais, os criminosos têm utilizado uma variedade de dispositivos de captura de cartões compostos por dispositivos mecânicos finos, muitas vezes envoltos numa película de plástico transparente, inseridos na garganta do leitor de cartões. Os ganchos estão ligados às sondas, impedindo que o cartão seja devolvido ao cliente no final da transação. Quando o utilizador do terminal ATM se mostra preocupado com o cartão capturado, o criminoso, normalmente próximo do ATM, oferece apoio, sugerindo que o utilizador introduza novamente o pin, para que possa ver a introdução e recordar o pin. Depois de o consumidor abandonar o local, acreditando que o cartão foi capturado pela ATM, o criminoso utilizará uma sonda (dispositivo de pesca) para extrair o cartão. Depois de ter visto o pin do cliente e de ter o cartão na mão, o criminoso pode facilmente levantar dinheiro da conta do utilizador desprevenido.

Dispositivos de leitura ótica: Outro método que os ladrões podem utilizar para avaliar as informações da conta de um cliente é a leitura ótica das informações do cartão. O "skimming" é o método mais frequentemente utilizado para obter ilegalmente os dados da faixa do cartão. Os "skimming" são dispositivos utilizados pelos criminosos para capturar os dados armazenados na banda magnética do cartão. A leitura e a decifração da informação contida nas bandas magnéticas do cartão podem ser conseguidas através da aplicação de pequenos leitores de cartões na proximidade ou em cima da ranhura de entrada do leitor de cartões, de modo a poder ler e registar a informação armazenada na banda magnética do cartão. O dispositivo é então removido, permitindo a leitura dos dados registados.

Shoulder Surfing: Através deste ato, os ladrões fazem uma observação direta, observando o número que a pessoa introduz no teclado. O criminoso posiciona-se normalmente perto, mas não diretamente, da caixa multibanco para observar, de forma inteligente, como os utilizadores introduzem o seu PIN. Por vezes, podem ser instaladas discretamente câmaras de vídeo em miniatura, que são facilmente obtidas, no painel de instrumentos ou num local próximo do teclado, para gravar as informações relativas à introdução do PIN.

Utilizar uma sobreposição de um pin pad falso: É colocado um teclado falso sobre o teclado original. Esta sobreposição capta os dados dos pins e armazena a informação na sua memória. O bloco de pinos falso é depois retirado e os pinos registados são descarregados. Os blocos de pinos falsos podem ser quase idênticos em aparência e tamanho aos originais. Um outro tipo de sobreposição, mais difícil de detetar, é uma sobreposição fina que é transparente para o consumidor. Este método, utilizado em conjunto com o roubo de dados do cartão, fornece ao criminoso a informação necessária para aceder à conta de um consumidor desprevenido.

3.8 ESTILOS OU PADRÕES DE ROUBO NA ATM

Michael (2003) identificou alguns factores que influenciam os autores de fraudes a roubar em pontos ATM:

- A maioria dos assaltos é cometida por um único criminoso que utiliza algum tipo de arma contra uma única vítima.
- A maioria ocorre à noite, com o risco mais elevado entre a meia-noite e as 4 da manhã.
- A maioria envolve o roubo de dinheiro depois de as pessoas terem efectuado um levantamento.
- É mais provável que ocorram assaltos em caixas automáticos do que em caixas automáticos com acesso direto.

Furst et al (2005) observaram que existem vários e distintos padrões de roubo de ATM, cada um dos quais apresenta desafios únicos na resposta. O padrão mais comum consiste em o criminoso assaltar o utilizador da ATM imediatamente após a vítima ter efectuado um levantamento.

- O autor do crime obriga a vítima a ir a uma caixa multibanco para levantar dinheiro.
- O infrator rouba à vítima o seu cartão multibanco, obriga-a a revelar o pin e depois utiliza o cartão.
- O criminoso rouba outros objectos de valor (carteira, relógio, jóias) a uma vítima que se encontra numa caixa multibanco.
- O autor do crime segue uma pessoa que acabou de levantar dinheiro de uma caixa multibanco e rouba-a fora da caixa multibanco.

3.9. PROTECÇÃO DOS UTILIZADORES DE CAIXAS MULTIBANCO CONTRA OS LADRÕES

Pirataria: A grande maioria dos ATMs ainda funciona com o Windows XP (uma vez que deixou de ser suportado pela Microsoft vários anos após o lançamento do Windows 7). Por conseguinte, já não é vulnerável a quaisquer ataques de dia zero que afectaram a sua última versão. Não existe uma forma uniforme ou generalizada de "botão de pânico" ou "alarme silencioso" ou "fingir que a minha conta está sem dinheiro" ou outros dispositivos do género que possam ser utilizados pelas pessoas quando são raptadas e obrigadas a levantar dinheiro de uma série de caixas multibanco numa vasta área (devido ao facto de as caixas multibanco terem normalmente um limite para o montante que um cartão pode levantar) no que se designa por "rapto expresso". Imaginem alguém em perigo de ser assaltado/agredido/sequestrado/violentado, com poucas pessoas por perto, a correr para uma caixa multibanco e a clicar numa espécie de botão de alerta que poderia manter o seu dinheiro seguro, alertar a polícia em primeiro lugar e ser utilizado como um alerta para emergências médicas ou como um alarme/função silenciosa para quando se é obrigado a levantar dinheiro. Se o ATM estiver numa cabina, pode trancar a cabina, permitindo que o cliente se mantenha em segurança.

Outro sistema de proteção do cliente é o "ATM safety pin software", que permite que o utilizador introduza o seu pin ao contrário, uma má alternativa para representar a proposta de Mariq Braggi de um sistema alternativo de pin de emergência ou de um código de socorro pré-determinado, uma vez que perderia toda a funcionalidade se o pin de alguém fosse um número emparelhado com os mesmos números, quer fosse lido para a frente ou para trás, para alertar a polícia de um levantamento forçado de dinheiro.

Chris (2006) afirma que as máquinas ATM foram incorporadas no nosso modo de vida. Oferecem uma verdadeira comodidade a quem anda a correr, mas ao mesmo tempo oferecem um elemento de risco. A utilização segura de uma máquina ATM requer consciência e um pouco de planeamento. O facto de uma máquina ATM estar aberta e disponível 24 horas por dia não significa que seja sempre seguro utilizá-la. O autor identifica ainda que os assaltantes de caixas multibanco são geralmente homens com menos de 25 anos de idade e que a maioria anda sozinha. Os assaltantes de ATM posicionam-se normalmente nas proximidades (15 metros) à espera que a vítima se aproxime e levante dinheiro. Metade dos assaltos a ATM ocorre após o levantamento do dinheiro. Muitas vítimas de assaltos a ATM são mulheres e estavam sozinhas quando foram assaltadas. A maioria afirma que não viu o assaltante a aproximar-se. A maioria dos assaltantes de caixas automáticas usa uma arma ou alega ter uma arma escondida quando confronta a vítima e exige o seu dinheiro.

CAPÍTULO 4

COMUNICAÇÃO

4.1 COMUNICAÇÃO DE DADOS

A comunicação de dados é o movimento de dados e informações codificados de um ponto para outro por meio de dispositivos magnéticos eléctricos ou electrónicos, cabos de fibra ótica ou sinais de micro-ondas. É igualmente designada por teleprocessamento, telecomunicações. Na comunicação de dados, o emissor e o recetor da comunicação são os principais componentes do sistema. Muitas tecnologias são utilizadas nos canais, mas a mais comum é a linha telefónica.

4.2 ESQUEMA DE COMUNICAÇÃO DE DADOS

/Terminal/←/Modem/ ←/Modem/ ←/Computador/ ←/Canal/

Uma rede é um grupo de sistemas informáticos interligados que partilham serviços e interagem através de uma ligação de comunicações partilhada. Num ambiente peer to peer, pode ser descrita como um grupo de computadores ligados entre si (em alguns casos, com um servidor) de modo a poderem partilhar recursos, como documentos, ficheiros e/ou impressoras. A ligação em rede é uma forma de ligar mais do que um computador no mesmo ambiente operacional ou em ambientes diferentes, em locais diferentes, possivelmente a grandes distâncias, utilizando o mesmo ou diferentes meios de troca de informações e protocolos, com o objetivo de partilhar informações, dados e outros recursos. Com esta ilustração, a comunicação informática tem a ver com a transferência de informações através de:

(1) Ligação direta por cabo de dois computadores

(2) Ligação de dois computadores através do sistema telefónico público

(3) Ligação em rede de vários computadores

Telecomunicações significa "comunicação à distância". A tecnologia das telecomunicações inclui ondas de rádio que viajam pelo ar ou pelo espaço, ondas eléctricas que fluem ao longo de um fio telefónico e impulsos de laser que viajam ao longo de fibras ópticas.

4.3 SOFTWARE DE COMUNICAÇÃO

Existe um grande número de pacotes de comunicação disponíveis especialmente para o computador, alguns dos quais são do domínio público (e, portanto, gratuitos). Os pacotes de domínio público mais conhecidos são o "kernit e o procomum". Ao implementar o software do sistema operativo de rede adequado, os utilizadores destas máquinas podem partilhar armazenamento em disco, impressoras, programas e dados.

Modems: A palavra modem é a abreviatura de modulador/demodulador, são termos utilizados para descrever um dispositivo que permite enviar e receber sinais através de uma linha telefónica. Se quiser comunicar com outros computadores através da linha telefónica, tem de converter a saída digital do seu computador num sinal telefónico analógico (tipo onda) e converter o sinal analógico de entrada num sinal digital do computador. Por isso, é necessário um modem para ligar o computador à tomada telefónica.

4.4 MÉTODOS DE TRANSMISSÃO

Os modos de transmissão determinam o fluxo de tráfego unidirecional ou bidirecional entre dispositivos. Existem três métodos de transmissão, como se segue:

(1) Método half-duplex

(2) Método full duplex

(3) Método Simplex

No método Simplex, os dados circulam apenas numa direção. Um dispositivo envia e um dispositivo recebe, tal como acontece com as comunicações de rádio e televisão e, com isto, apenas se ouve. O Half duplex, permite a comunicação bidirecional, mas apenas num sentido de cada vez. Os dispositivos revezam-se no envio e receção de mensagens telefónicas, tal como acontece na comunicação por rádio CB. Aqui ou se fala ou se ouve, enquanto o Full-duplex comunica em ambas as direcções simultaneamente. O método Full-duplex é utilizado para separar os sinais de transmissão e evitar que as comunicações simultâneas interfiram umas com as outras. Conceptualmente, uma linha full-duplex é equivalente a duas linhas simplex, uma em cada direção. Aqui ouve-se e fala-se ao mesmo tempo, como no computador.

4.5. COMPUTADOR

O computador é definido como um dispositivo eletrónico/mecânico que aceita dados como entrada, processa os dados e gera resultados de uma forma predefinida ou o computador pode ser definido como uma máquina automática de processamento de informação eletrónica.

4.6. CARACTERÍSTICAS DOS COMPUTADORES

Comprimentos de palavras: Um computador digital opera com dígitos binários 1's e 0's. Só consegue compreender a informação em termos de 1 e 0. Os dígitos binários são designados por bit. Um grupo de oito bits é designado por byte.

Automatização: O computador funciona automaticamente quando o programa e os dados estão na sua memória.

Exatidão: Os resultados das operações dos computadores são altamente precisos, desde que sejam fornecidos os dados corretos. Podem ocorrer erros no hardware, mas as técnicas de deteção e correção de erros evitarão resultados falsos. Na maioria dos casos, os erros devem-se mais ao fator humano do que a falhas tecnológicas.

Velocidade: Um computador tem uma velocidade de operação muito elevada. Os cálculos complexos são efectuados em fracções de segundo. A velocidade é normalmente medida em milissegundos (milésimos de segundo) e picossegundos (milionésimos - milionésimos de segundo).

Fiabilidade: O computador é altamente fiável. É coerente e diligente no seu funcionamento. Não sofre das caraterísticas humanas de cansaço e falta de concentração. O computador pode armazenar e processar um grande volume de dados sem afetar a precisão dos resultados.

Flexibilidade ou versatilidade: os computadores modernos são flexíveis, na medida em que podem ser utilizados para executar uma grande variedade de tarefas, e armazenamento.

Armazenamento: Os computadores têm uma memória principal e um sistema de memória auxiliar. Um computador pode armazenar uma grande quantidade de dados. (Homes B.J. 1986).

4.7. MÉRITOS DO COMPUTADOR

(1) Poupa tempo

(2) Produz resultados

(3)Tem um carácter duradouro

(4) Serve como meio de entretenimento

(5) Alta velocidade de programação

(6) Armazena dados durante um longo período de tempo

(7) Reduz o desperdício de energia

4.8. CLASSIFICAÇÃO DOS COMPUTADORES

Os computadores são geralmente classificados com base em diferentes parâmetros. Estes parâmetros ajudam a obter uma forma mais ampla e geral de classificar os computadores. Os parâmetros básicos que são utilizados nesta classificação são:

Classificação por objetivo: Esta classificação dividiu os computadores em duas classes principais

(1) Computadores para fins especiais: Estes computadores são concebidos e construídos para resolver um único tipo de problema. Os seus componentes e funções são adaptados de forma única a uma situação particular. São extremamente eficientes e, consequentemente, económicos para a sua utilização especializada. Um exemplo de computadores para fins especiais são os computadores utilizados no programa espacial.

(2) Computadores de uso geral: Por outro lado, os computadores de uso geral são flexíveis e versáteis. Podem ser utilizados para resolver uma grande variedade de problemas de processamento de dados. Isto consegue-se alterando o problema (ou seja, o instrutor) que rege o seu funcionamento. Um exemplo deste tipo de computador são os que se encontram em ambientes científicos e comerciais.

4.9 Classificação por tipo ou processamento de dados

Esta classificação baseia-se na forma como os dados são representados no sistema informático:

(1) Computadores digitais: Estes computadores operam ou processam dados, que são representados sob a forma de valores discretos (ou seja, fixos). Nos computadores digitais, os dados e as instruções são representados em binário. Ou seja, como uma série de 0's e 1's. Os computadores digitais são extremamente precisos e muito flexíveis. São utilizados para fins contabilísticos, de previsão e outros fins comerciais gerais. Exemplos de computadores digitais são as máquinas IBM, a calculadora Disk, a Compaq, a Dell e a H.P.

(2) Computadores analógicos: Estes computadores funcionam com números que representam grandezas diretamente mensuráveis, ou seja, funcionam com valores representados sob a forma de variável contínua. Estas grandezas podem ser tensão, resistência, pressão, temperatura ou comprimento. Os computadores analógicos são utilizados na indústria para controlar processos como a produção de aço, a mistura de produtos químicos e a orientação do fluxo de material através de condutas. Também são utilizados em termóstatos, réguas de cálculo, medidores simples, analisadores, amplificadores, etc.

(3) Computadores híbridos: Estes tipos combinam as caraterísticas dos computadores analógicos e digitais. São utilizados em aplicações especializadas, como o sistema de controlo de processos industriais, em que é necessário processar ambos os tipos de dados. Nos sistemas híbridos, o computador digital e o analógico estão interligados de tal forma que os dados podem ser transmitidos entre eles. Um exemplo de computador híbrido é encontrado na bomba de gasolina.

4.10CLASSIFICAÇÃO POR DIMENSÃO

(1) Super computadores: Estes são os maiores, mais rápidos e mais caros computadores. Trata-se de sistemas de enorme dimensão e potência que são utilizados principalmente na investigação científica e em aplicações militares. Por exemplo, a previsão meteorológica para todo o globo pode ser efectuada por

(2) Computador mainframe: Este tipo de computador é utilizado sobretudo em ambientes controlados, como empresas comerciais e de contabilidade. São muito potentes, rápidos e têm uma grande capacidade de armazenamento central de dados. A sua aquisição e funcionamento são também muito dispendiosos. Por conseguinte, são frequentemente operados por profissionais especializados em processamento de dados. O mainframe pode ser operado como um computador autónomo ou como suporte de uma grande rede de terminais, o que é facilitado pelas suas capacidades de telecomunicação, em que a entrada de dados é normalmente feita através de múltiplos teclados utilizados por utilizadores que operam num ambiente multitarefa com a ajuda de sistemas operativos potentes. Muitos dos teclados dos terminais são remotos em relação à instalação central.

(3) Mini computadores: São computadores de tamanho médio. São mais pequenos e menos dispendiosos do que o mainframe. Não têm requisitos de controlo ambiental. Podem executar muitas tarefas que o mainframe pode, mas numa escala reduzida. Geralmente, são mais fáceis de instalar do que os mainframes. Tendem a ser mais baratos, têm uma memória mais pequena e não necessitam de uma estrutura de gestão complexa.

(4) Microcomputador: Um microcomputador é o computador mais pequeno que consiste num processador construído a partir de pastilhas de silício simples montadas numa placa de circuitos, juntamente com pastilhas de memória (ROM e RAM). Os microcomputadores são sistemas para um único utilizador. São conhecidos como computadores pessoais (PC). Tendem a ser os computadores mais baratos e mais pequenos e podem ser utilizados em condições normais de escritório por pessoas não qualificadas. Os microcomputadores podem ser classificados da seguinte forma: computador de secretária, computador portátil, computador de bolso e palmtop.

4.11DEMÉRITOS DO COMPUTADOR

(1) Requer conhecimentos técnicos de manutenção

(2) Elevado custo de manutenção

(3) Muito caro

(4) Causas de afetação da saúde

(5) Pode ser utilizado para roubar ou defraudar

4.12COMPONENTES FUNCIONAIS DE UM SISTEMA INFORMÁTICO

Os componentes do sistema informático estão divididos em grandes categorias: Hardware e Software. O hardware refere-se aos componentes electromecânicos de um sistema. Ou seja, as partes físicas do computador. As ilustrações que se seguem apresentam os vários componentes do hardware e a interação entre eles:

Unidade de entrada: Esta unidade contém o dispositivo de entrada através do qual as instruções (programa) são transferidas para o computador: Exemplos de dispositivos de entrada são o teclado, o rato, o scanner, a caneta ótica, os joy sticks, etc.

Unidade de saída: Esta saída fornece ao utilizador os meios de aceder ao resultado da operação de processamento da informação do computador. Exemplos de dispositivos de saída são as impressoras, a unidade de visualização (monitor) e os plotters digitais.

Unidade Central de Processamento: A CPU é muitas vezes referida como o cérebro ou o coração do computador. É constituída pela memória principal (ou memória principal), pela unidade de controlo e pela unidade aritmética e lógica (ALU).

Unidade de memória: A unidade de memória é também conhecida como memória de acesso aleatório (RAM). Todos os dados e programas que devem ser manipulados pela CPU são guardados na memória principal. Os resultados do processamento também são aí armazenados antes de serem transferidos para um dispositivo de saída ou para um armazenamento auxiliar (ou seja, secundário). A memória principal é constituída por pastilhas de silício. O acesso à memória principal é mais rápido, mas o custo da sua implementação é elevado. É volátil porque perde todo o seu conteúdo quando a alimentação eléctrica é desligada.

Unidade de controlo: A unidade de controlo dirige e coordena todas as operações de hardware do computador. Supervisiona a execução das instruções do programa armazenado na sequência correta. Ou seja, controla/coordena as outras partes do sistema de acordo com as instruções do programa armazenado. Descodifica e interpreta as instruções e, em seguida, dirige a execução.

4.13. UNIDADE ARITMÉTICA E LÓGICA (ALU):

É composto por duas partes, nomeadamente:

(1) Unidade aritmética

(2) Unidade lógica

A unidade aritmética efectua operações aritméticas como a adição, a subtração, a multiplicação e a divisão. A unidade lógica efectua operações lógicas, como a comparação e a deslocação de valores de uma localização na memória para outra.

ARMAZENAMENTO AUXILIAR: Devido ao elevado custo da memória principal e à sua natureza volátil, torna-se necessário dispor de dispositivos de armazenamento auxiliares (ou secundários), que são mais baratos e não voláteis (ou seja, podem manter o seu conteúdo mesmo quando a alimentação é desligada). Por outras palavras, podem armazenar informação de forma permanente. Quando a CPU precisa de processar quaisquer dados armazenados num dispositivo de armazenamento auxiliar, os dados têm primeiro de ser transferidos para a memória principal antes de o processamento desejado poder ter lugar. Exemplos de dispositivos de armazenamento auxiliares incluem o disco rígido, a disquete, o CD-ROM, o disco ótico e a fita magnética. (Alexis L.1999).

CAPÍTULO 5

- APLICAÇÕES

5.1 NECESSIDADES DE APLICAÇÃO

Os SISTEMAS DE MICROCOMPUTADORES são utilizados nas empresas para executar uma grande variedade de tarefas, algumas das quais são enumeradas a seguir:

(i)Processamento de transacções, (ii) Análise e tomada de decisões, (iii) Planeamento, programação e organização, (iv) Recuperação e atualização. (v) Elaboração de relatórios. (vi)Escrita. (vii) Apresentação. (viii) Comunicação. (ix) Aprendizagem. (x) Desenvolvimento de programas.

O software é um conjunto de programas.

5.2 TIPOS DE SOFTWARE

Existem dois tipos principais de software. São eles

1. O programa do sistema

2. O programa de aplicação (pacote)

SOFTWARE DE SISTEMA: É um conjunto de programas, que são escritos para proteger o utilizador das enormes complexidades do computador. Por outras palavras, o software de sistema torna o computador fácil de utilizar**.**

SISTEMA OPERACIONAL**:** Um sistema operacional é um conjunto de programas que actua como interface entre os utilizadores e o hardware. Fornece ao utilizador funcionalidades que lhe permitem codificar, testar, executar, depurar e manter os seus programas mais cedo. Também gere os recursos de hardware

❖ Partilha de recursos

❖ Gestão de entradas e saídas

❖ Gestão da memória

❖ Proteção e tratamento de erros

❖ Interação do programa

❖ Contabilidade dos recursos informáticos

5.3 TIPOS DE SISTEMAS OPERATIVOS

Os sistemas operativos podem ser divididos em três categorias principais.

1. Sistema operativo de utilizador único: Isto faz com que a máquina esteja disponível apenas para um utilizador de cada vez? PC-DOS, MS DOS, OS/2 e CP/M.

2. Sistema operativo multiutilizador: Esta classe de sistema operativo é capaz de gerir e coordenar a utilização dos recursos de hardware de um sistema de computação multi-utilizador. Exemplos de sistemas operativos multiutilizadores são o UNIX, o Linux, o PC-MOS e o XENIX.

3. Sistema operativo de rede: Esta categoria de sistema operativo é utilizada num ambiente em que os computadores totalmente ou semi-independentes estão ligados entre si. Com esta disposição, vários recursos (tais como impressoras, unidade de CD-ROM e serviços de ficheiros) são partilhados pelos computadores ligados. Os exemplos incluem o Novel Netware e o Window NT.

5.4 TRADUTORES DE LÍNGUAS

O conjunto de programas que traduzem programas escritos noutras linguagens para código de máquina é designado por tradutor de linguagem ou processador de linguagem. O programa original (ou seja, o tradutor) é designado por **programa fonte** e as suas linguagens de máquina equivalentes (ou seja, após a tradução) são designadas por **programa objeto.** Existem três classes de tradutores, nomeadamente: **Assembler, Complier e Interpreter.**

a) Assembler: O Assembler é um tradutor que traduz a linguagem de montagem para a linguagem de máquina.

b) Compilador: Um compilador é um tradutor de linguagem que traduz toda a programação de computador da linguagem de alto nível para a linguagem de máquina. Antes de o computador executar o programa, as instruções de programação da linguagem processual são designadas por código fonte. No compilador, quando é utilizado um computador, o código objeto não pode ser guardado. Os códigos são executados mais lentamente do que o código compilado.

c) Intérpretes: Um intérprete é um tradutor que traduz cada linguagem processual para a linguagem de máquina e a executa imediatamente, frase a frase. No intérprete, quando é utilizado um computador, o código objeto não pode ser guardado. Os códigos são executados mais lentamente do que o código compilado.

5.5 PROGRAMA DE SERVIÇOS E UTILIDADES

Estes programas são utilizados para executar tarefas de rotina ou especializadas. Também são chamados de programas de serviço ou de uso geral. Executam operações como conversação de ficheiros, cópia de ficheiros, reorganização de ficheiros, manutenção de ficheiros e ordenação. Exemplos incluem programas de classificação de editores, auxiliares de depuração, rotinas de despejo e rotinas de biblioteca.

5.6 SOFTWARE DE APLICAÇÃO

Este software de aplicação foi concebido para ajudar os utilizadores a resolverem problemas de natureza específica, podendo ser fornecido pelo fabricante do computador ou, em alguns casos, produzir os seus próprios programas de aplicação, chamados programas de utilizador. O software de aplicação pode ser dividido em dois tipos.

1. Software generalizado: que inclui o seguinte?

❖ Pacotes de processamento de texto, por exemplo, Microsoft Word, Word Prefect, Word Star, etc.

❖ Pacotes de folhas de cálculo, por exemplo, Lotus 1-2-3, Excel, Super calculadora.

❖ Pacotes de bases de dados, por exemplo, Dbase IV, FOX Pro, paradox, Oracle e Access.

❖ Pacotes estatísticos, por exemplo, SPSS.

❖ Edição eletrónica, por exemplo, criador de páginas, Ventura, Publisher

❖ Pacotes de contabilidade, por exemplo, Sage, peach tree Dec easy.

2. Programas de utilizador: Trata-se de um conjunto de programas escritos por programadores ou utilizadores de computadores para as operações das suas actividades ou tarefas individuais. Por exemplo, o Payroll desenvolvido para o cálculo do salário numa determinada empresa e o programa de controlo de inventário, o processamento de ordens de venda e o registo de vendas, o processamento de ordens de compra e o registo de compras. Os que são utilizados para uma forma especializada de negócio, por exemplo, bancos de processamento de transacções, reservas de lugares em companhias aéreas, reservas de lugares em teatros, reservas de quartos de hotel.

5.7 CONCEITO DE BASE DE DADOS

Em geral, um sistema de base de dados é um sistema de manutenção de registos baseado em computador, ou seja, um sistema cujo objetivo geral é registar e manter informações e disponibilizar essas informações ao utilizador a pedido. De facto, a informação em causa pode ser qualquer coisa que se considere importante para a organização que o sistema está a servir, ou seja, qualquer coisa que possa ser necessária para os processos de tomada de decisão envolvidos na gestão dessa organização. As bases de dados são úteis tanto a nível de gestão como a nível administrativo numa organização. Ao nível da gestão, são ferramentas de apoio à decisão, pois podem ser produzidos relatórios que resumem o que se está a passar e dão indicações para o futuro. Ao nível administrativo, proporcionam uma forma fácil de introduzir e recuperar dados e de responder a questões. Assim, em muitas situações, um funcionário necessitará de acesso a uma base de dados para efetuar este último tipo de tarefa, e um gestor necessitará de acesso à mesma para sair de um relatório.

As aplicações típicas de bases de dados empresariais incluem:

(i.) Registos de existências (ii.) Registos de pessoal (iii.) Registos de clientes (iv.) Contas (v) Listas de endereços

5.8 CLASSIFICAÇÃO DA BASE DE DADOS

A base de dados é classificada de acordo com as abordagens adoptadas para a base de dados de uma organização. As classes são: (a) Relacional (b) Rede (c) Hierárquica

Base de dados relacional É uma representação sequencial dos ficheiros sob a forma de uma tabela com linhas e colunas, em que cada linha representa um registo e as colunas correspondem aos campos.

Base de dados em rede É a representação de ficheiros de bases de dados. As relações entre os registos são mostradas através de ligações.

Base de dados hierárquica É uma representação em forma de árvore dos ficheiros da base de dados. Os registos de um ficheiro são representados numa estrutura em forma de árvore com os campos subordinados aos registos na hierarquia.

5.9 CARACTERÍSTICAS DA BASE DE DADOS

1. Criar e manter (acrescentar, apagar e rever registos) uma base de dados.

2. Extrair e listar todos os registos ou apenas os registos que satisfazem determinadas condições.

3. Fazer um inquérito.

4. Ordenar o registo por ordem ascendente ou descendente por campos primários, secundários e terciários.

5. Geração de relatórios formatados com subtotais e totais.

5.10VANTAGENS DA BASE DE DADOS

(1) Reduz a quantidade de duplicação de dados que ocorre quando se utilizam detalhes de ficheiros convencionais.

(2) Proporciona um acesso rápido e flexível à informação.

(3) Melhora a consistência dos dados armazenados.

(4) Proporciona independência de dados e de programas.

(5) Incentiva a integração das áreas funcionais numa organização.

(6) Evita a duplicação de dados de entrada para atualizar várias áreas funcionais de uma organização

(7) Reduz o processamento de alterações retrospectivas.

5.11DESVANTAGENS DA BASE DE DADOS

(1) Demora muito tempo a conceber e a implementar.

(2) Custo superior ao dos sistemas convencionais.

(3) Exigir pessoal de alto calibre, experiente e especializado.

(4) Exigir despesas de hardware e software.

(5) A recuperação é mais difícil em caso de danos.

5.12ESTRATÉGIAS INFORMATIZADAS

O sistema de informação de uma empresa pode ser organizado de muitas maneiras. No entanto, as estratégias básicas de informatização empregues ou as técnicas mais utilizadas incluem as seguintes:

-Processamento centralizado, processamento descentralizado, processamento distribuído, processamento por lotes, processamento em tempo real, processamento com partilha de tempo (multi-acesso), processamento integrado, processamento interativo.

OFFLINE: Significa que não está ligado ao processador (C.P.U.) nem é controlado por ele.

ONLINE: Significa ligado e controlado, por exemplo, pelo serviço de correio normal do processador.

DISPOSITIVOS EM LINHA: Estão diretamente ligados ao processador, por exemplo, unidade de visualização, leitor de cartões, unidade de fita magnética, unidade de disco magnético, leitor MICR, leitor OCR, leitor de reconhecimento de voz, etc. Todo o hardware ou periféricos são dispositivos em linha. **PROCESSAMENTO EM LINHA:** tem o seu sistema de introdução de dados ligado à UCP. Utiliza dispositivos em linha e permite a comunicação direta com o computador. É uma técnica de processamento pelo computador através de terminais ou V.D.Us ligados diretamente à U.C.P. O processamento em linha permite o acesso aos ficheiros pelos terminais e permite a atualização das transacções. Por exemplo, tempo real, partilha de tempo, sistemas interactivos distribuídos.

COMUNICAÇÃO DE DADOS ONLINE: O sistema tem as suas linhas de comunicação ligadas diretamente à U.C.P. Por exemplo, quadro de avisos eletrónico, sistema distribuído, etc.

5.13BIBLIOTECA/PROGRAMA OU FUNÇÕES INCORPORADAS

Os programas da Biblioteca são programas utilizados para resolver funções matemáticas ou estatísticas. São incorporados no interpretador ou compilador da linguagem e depois podem ser programas utilitários. Exemplos deste tipo de programas são:

(1) SQR - para encontrar a raiz quadrada de um número

(2) SIN - para determinar o seno de um número, uma radial

(3) ABS - para o valor absoluto de um número

(4) INT - para o número inteiro de um número

(5) EX - para encontrar o expoente inteiro de um número

(6) TAN - utilizado para determinar a tangente de um número. Isto deve ser em raio

(7) CORRIGIR - para produzir a parte inteira de um número, etc.

5.14PROGRAMA DE APLICAÇÃO DO UTILIZADOR

Trata-se de programas escritos pelo utilizador do computador para se adaptarem ao seu próprio ambiente. Estes programas são concebidos e programados para resolver o problema específico por um especialista em informática, que trabalha na empresa. Este tipo de programa não é para ser resolvido por vendedores como o pacote, mas sim para um ambiente individual ou empresarial, ao contrário dos pacotes, que não estão prontos. Os exemplos são os seguintes:

- Controlo das existências

- Processamento de ordens de venda e registo de vendas

- Processamento de ordens de compra e registo de compras

Há alguns que são utilizados para uma forma especializada de exemplos de negócios

- Bancos de processamento de transacções, - Reserva de lugares em companhias aéreas

- Reserva de lugares de teatro, - Reserva de quartos de hotel

- Software de ponto de venda

5.15PACOTES DE APLICAÇÃO

Trata-se de um programa especialmente concebido e escrito por programadores profissionais para resolver necessidades específicas de processamento de dados, quer comerciais quer científicas. Um pacote é um conjunto completo de programas prontos a utilizar, com a respectiva documentação, que abrange uma rotina de processamento. É normalmente fornecido pela software house do fabricante. O fornecimento pode ser feito por compra ou por aluguer. Destina-se normalmente a satisfazer as necessidades de uma vasta gama de empresas utilizadoras. Exemplos de tais aplicações incluem: Folhas de pagamento, auditoria, controlo de stocks, análise de redes, Dbase, folha de cálculo, Word perfeito, etc.

(1) PROCESSAMENTO DE TEXTO: Estes programas transformam, mais ou menos, um sistema informático numa poderosa ferramenta de escrita e muito mais. Ajudam-nos a produzir cartas, relatórios, revistas, memorandos, etc. Exemplos de programas de processamento de texto são o Word star, Word Perfect, PC Write, Multi-mate, Ten best e Word star 2000.

(2) GESTÃO DE BASE DE DADOS; As bases de dados são a espinha dorsal da informática empresarial. Armazenam e recuperam informações como listas de clientes, inventários e notas. Também podem ordenar a informação, permitindo aos utilizadores fazer coisas como procurar na sua lista de clientes os clientes de um determinado

ESTADO. Estes programas ajudam-nos a registar e manter informações sobre pessoas, lugares ou coisas e relatórios de gestão de todos os tipos. Exemplos: Dbase III & IV, Foxbase, Oracle, Foxpro e Clipper, Microsoft Access, Paradox, Professional Files e Q & A, etc.

(3) CONTABILIDADE: Os programas de contabilidade controlam as receitas e as despesas da empresa, incluindo as contas a receber, as contas a pagar, as despesas operacionais, o fluxo de caixa e os salários. Os programas de contabilidade mais populares incluem o QuickBooks, o DacEasy Accounting, o Peachtree Accounting, o Profit, o one-Write, o Paciolli 2000 e a série de programas ACCPAC.

(4) SPREADSHEET; As folhas de cálculo são pacotes de software que, mais ou menos, transformam um sistema informático numa calculadora eletrónica sofisticada. Muitos pacotes de folhas de cálculo também têm geradores de gráficos de apresentação, que pegam nos dados e os convertem sem problemas em gráficos de barras, gráficos de linhas e semelhantes, para apresentações de gestão em reuniões. Estes programas ajudam-nos a produzir relatórios financeiros e relatórios. São exemplos o Lotus 1-2-3, o Quatopro, o SuperCalc, o Multiplan, o VP planner, o Planning Assistant e o Microsoft Excel.

(5) PROGRAMAS GRÁFICOS. Os programas gráficos criam gráficos e desenhos que podem ser utilizados em boletins informativos, cartazes, anúncios e outros documentos. Alguns permitem aos utilizadores importar fotografias para documentos ou criar imagens animadas para utilização em apresentações "multimédia". Os programas gráficos mais populares incluem o PC Paintbrush, Professional Drave, IntelliDraw, Illustrator, Persuasion, Cricket Draw, Corel Draw, Print Master, Print Master, Print Shop, Microsoft power point, Harvard Graphics.

(6) EDIÇÃO ELECTRÓNICA. Os programas de edição eletrónica são processadores de texto extremamente sofisticados que podem incorporar ficheiros de processamento de texto e gráficos para criar boletins informativos, manuais, ficheiros, anúncios, revistas e jornais. Os DTP mais populares incluem o Microsoft Express Publisher, o Aldus Page maker, o Ventura Publisher e o Quark Xpress.

(7) PACOTES INTEGRADOS/TUDO EM UM. Os programas integrados são programas que combinam a capacidade de realizar várias aplicações de uso geral, incluindo três ou quatro funções diferentes, normalmente processamento de texto, base de dados, gráficos e folha de cálculo num único programa. Algumas funções, software de comunicações que, combinado com um modem, lhe permitirá procurar e marcar números de telefone facilmente. Os pacotes integrados mais populares são o Microsoft Office, o WordPerfect Works, o Claris Work, o Geo Works Pro e o Lotus Symphony.

(8) DESENHO ASSISTIDO POR COMPUTADOR. O desenho assistido por computador é um pacote que pode ser utilizado para produzir desenhos de qualidade profissional em papel tão grande quanto a sua impressora ou plotter possa suportar. Desenhos como planos de engenharia, modelos, mapas, diagramas de circuitos eléctricos, diagramas de planeamento, arquitetura e outros são possíveis graças à utilização do computador. O CAD é amplamente utilizado na indústria, no comércio e no ensino. Os pacotes CAD mais populares que podem executar todas estas funções incluem o Autocad, o Auto-Sketch, etc. (Date Co. T. 1986)

CAPÍTULO 6

- PROCESSAMENTO

6.1. PROCESSAMENTO CENTRALIZADO

É uma técnica de processamento em que todas as funções ou actividades de processamento são realizadas numa localização única ou central. Se uma organização empresarial estiver muito dispersa com várias unidades, no processamento centralizado, o equipamento de processamento (computadores) estará na sede para aplicação do processamento em lote. Pode ser offline ou online.

6.2 VANTAGENS DO TRATAMENTO CENTRALIZADO:

-Há uma economia nas despesas de capital com uma CPU em vez de várias CPUs nas várias unidades da organização.

- Os custos de funcionamento são menores, uma vez que não há duplicação de recursos nas unidades.

- Facilita a normalização da aplicação.

- Há uma utilização económica do hardware - implementação de um único sistema.

-É provável que o número total de pessoal de preparação de dados seja reduzido.

6.3 DESVANTAGENS DO TRATAMENTO CENTRALIZADO

- A distância de outras localizações provocará atrasos na obtenção de dados e no retorno dos resultados

- Concentração do tratamento especializado de dados num único local.

- As correcções e a interpretação dos dados são mais difíceis devido à distância do ponto de origem.

- Os grandes investimentos estão em risco se o sistema não funcionar de forma satisfatória.

6.4 PROCESSAMENTO DESCENTRALIZADO

É uma técnica em que cada local ou sucursal tem os seus próprios equipamentos e pessoal de processamento de dados. Assim, é permitido que as actividades de processamento sejam realizadas em cada local ou filial. Bastante distinto do centro/escritório central/sede, é desejável para uma aplicação numa organização multi-localizada que possa ser facilmente ligada por linhas de telecomunicações.

6.5 VANTAGENS DO TRATAMENTO DESCENTRALIZADO

- Não há atrasos na obtenção de dados e na apresentação de resultados.
- As correcções e interpretações das entradas são mais fáceis.
- Um pequeno sistema pode ser desenvolvido isoladamente.

6.6 DESVANTAGENS DO TRATAMENTO DESCENTRALIZADO

- O custo total do hardware e da implementação do sistema é provavelmente superior.
- Pessoal especializado duplicado em cada local.

6.7 SISTEMA DISTRIBUÍDO

É uma forma especial de processamento descentralizado que utiliza meios de comunicação de dados para ligar dispositivos de entrada/saída posicionados em locais distantes do processador central, em que o processamento, até certo ponto, é efectuado num local independente do sistema informático central. Cada um dos seus locais tem as suas próprias necessidades de processamento. O sistema distribuído permite processar dados independentemente do computador central, bem como comunicar os dados necessários a toda a organização ao computador central para planeamento e controlo de toda a organização. O sistema distribuído não é controlado centralmente como o processamento centralizado. Cada uma das utilizações remotas tem o controlo dos seus dados. Um utilizador num sistema distribuído pode aceder ao seu computador, bem como à base de dados na sede, o processador remoto interligado para formar uma rede de comunicação. O tempo de processamento é reduzido e esta técnica é ideal para situações em que locais remotos podem ser ligados por linhas de telecomunicações. (Eleaoba P.C. 1992).

6.8 VANTAGENS DO SISTEMA DE PROCESSAMENTO DISTRIBUÍDO

- Instalação mais económica.

- Pode ser operado pelo pessoal do utilizador com muito pouca formação.

-Qualquer avaria que não afecte as actividades da empresa.

- Os dados podem ser processados em vários locais de forma independente.

- Aumentar a segurança dos dados/informações, uma vez que é possível controlar o número de pessoas que têm acesso às informações.

6.9 DESVANTAGENS DO SISTEMA DE PROCESSAMENTO DISTRIBUÍDO

- Não há controlo central do acesso ao sistema porque a autoridade é descentralizada.

- Os Icrocomputadores são utilizados em sistemas distribuídos e não em macrocomputadores, pelo que têm capacidades inferiores.

- Problema de garantir o cumprimento rigoroso das normas.

6.10 PROCESSAMENTO EM LOTE

O processamento em lote envolve o processamento regular de grandes quantidades de dados. No processamento em lote, os dados são acumulados durante um período de tempo específico. No final desse período, todo o lote é enviado para o departamento de processamento de dados para ser processado. Normalmente, ocorre um atraso entre o momento em que uma transação é efetivamente realizada e o momento em que é processada. O processamento de lotes pode ser em linha ou fora de linha. Quando é em linha, significa que os dados são recolhidos e transmitidos através de uma linha de telecomunicações ligada à UCP. A fiabilidade do processamento em lote é bastante elevada. **Por exemplo, folhas de pagamento, sistemas de inventário, etc.**

6.11 PROCESSAMENTO EM TEMPO REAL

Trata-se de um sistema que pode, através da utilização de um terminal remoto (por exemplo, V.D.U.), aceder a um ficheiro num dispositivo de armazenamento de acesso direto (DASD), por exemplo, DISC, e, dentro e com o mesmo terminal, atualizar os dados desse ficheiro no DISC e dar uma resposta imediata para a tomada de decisões. É uma forma de processamento em que o tratamento dos dados introduzidos é instantâneo e o resultado é libertado para afetar o funcionamento do ambiente. Implica a atualização dos ficheiros no DISC.

As aplicações em tempo real incluem:

- Reserva de lugares de avião. -Reserva de hotéis. -Sistema bancário que utiliza meios de comunicação de dados.

- Controlo do processamento industrial. -Estado de fabrico da ordem de produção.

Desvantagens do processamento em tempo real:

- A sua conceção é dispendiosa.

- Maior tempo de desenvolvimento (o tempo real requer suporte integrado de base de dados e software de comunicação)

6.12 PROCESSAMENTO COM PARTILHA DE TEMPO (MULTI-ACESSO)

Trata-se de uma técnica de sistema em que um único C.P.U. interage com muitos utilizadores independentes (TERMINAIS), dando a cada um deles uma atenção individual numa base de tempo parcial. Trata-se de uma utilização simultânea de um único computador por muitos utilizadores. A cada um dos utilizadores no sistema de partilha de tempo é dada uma fatia de tempo (uma fração do tempo de processamento) durante a qual a CPU atende a um pedido desse utilizador (terminal). A CPU pode dividir-se e executar vários pedidos diferentes ao mesmo tempo.

6.13 CARACTERÍSTICAS DO TEMPO PARTILHADO

(a) Concorrência: vários utilizadores ao mesmo tempo.

(b) Independência: cada utilizador age de forma independente, ou seja, não sabe que existem outros utilizadores.

(c) Imediatismo: todos os pedidos de UPC recebem resposta imediata

6.14 VANTAGENS (tempo partilhado)

- A memória C.P.U. é utilizada de forma económica. Permite a multiprogramação.

- O tempo de computador é utilizado de forma económica.

- Nenhum terminal pode monopolizar o tempo de CPU porque há uma fatia de tempo para cada trabalho.

6.15 PROCESSAMENTO INTEGRADO

Este sistema é aquele em que duas ou mais aplicações foram fundidas numa única aplicação. Ou seja, vários ficheiros principais podem ser incorporados num único ficheiro. A saída de um ou mais sistemas/aplicações pode dar entrada noutro sistema. O processamento integrado de dados utiliza frequentemente o conceito de base de dados.

6.16 PROCESSAMENTO INTERACTIVO

Trata-se de uma técnica de processamento em que o utilizador e o computador comunicam entre si de forma conversacional através de terminais, V.D.Us e teclados, um método de processamento de dados em que os utilizadores introduzem dados através de um teclado durante o processamento.

6.17 MULTIPROGRAMAÇÃO

O é a execução simultânea de dois ou mais programas que residem simultaneamente na memória principal. O princípio básico da multiprogramação é que os programas na memória principal partilham o tempo disponível da CPU e as unidades de entrada/saída. Enquanto as operações de entrada/saída de um programa estão a ser tratadas, a CPU está essencialmente inativa e pode tratar de algum processamento não relacionado com a entrada/saída de outro programa ao mesmo tempo.

6.18 MULTIPROCESSAMENTO

Um sistema informático com multiprocessamento é um sistema que contém duas ou mais CPUs interligadas, cada uma com as suas próprias unidades aritméticas e lógicas, e cada uma capaz de funcionar de forma independente. Um sistema informático que funcione numa configuração de multiprocessamento deve ser capaz de interpretar e executar as suas próprias instruções programadas. Além disso, devem estar disponíveis meios para transferir dados e instruções de e para o armazenamento interno, bem como para transferir dados e instruções de e para um dispositivo de armazenamento auxiliar comum. O multiprocessamento oferece ao computador capacidades de processamento que não estão disponíveis quando é utilizada apenas uma CPU. Podem ser efectuadas muitas operações complexas ao mesmo tempo. (Alexis L. 1999).

CAPÍTULO 7

- DADOS

7.1 HIERARQUIA DOS DADOS

Os dados são os principais recursos de uma organização. Dados significa informação em bruto que enviamos para o computador para processamento. Os dados são organizados logicamente em:

i. Bits (caracteres)

ii. Campos

iii. Registos

iv. Base de dados

Bits (caracteres):- Um bit é a unidade mais pequena de representação de dados. O valor de um bit pode ser 0 ou 1.

Oito bits formam um **BYTE** que pode representar um carácter ou um símbolo especial num código de caracteres.

Bit: Todos os computadores funcionam num sistema de numeração binário, ou seja, processam os dados em uns ou zeros. Este nível de armazenamento de 1 ou 0 é designado por bit. Muitas vezes, o hardware é especificado como um computador de 32 bits, o que significa que o hardware pode processar 32 bits de cada vez. O software também é descrito como software de 16 bits, 32 bits ou 64 bits.

Nibble: Um nibble é constituído por 4 bits.

Byte: Um byte é constituído por oito bits, ou seja, 23=2 Nibbles=1 carácter

Kilobyte: Um kilobyte (KB) é composto por 1024 bytes.

Megabyte: Um megabyte (MB) consiste em 1024 kilobytes, aproximadamente 1.000.000 bytes.

Gigabyte: Um gigabyte (GB) consiste em 1024 megabytes, aproximadamente 1.000.000.000 bytes.

Terabyte: Um terabyte (TB) consiste em aproximadamente 1.000.000.000.000.000 bytes.

7.2. CONCEITO DE DADOS E INFORMAÇÕES

Os termos dados e informação são frequentemente utilizados como sinónimos. Para os profissionais da informática, são diferentes. Os dados consistem em factos de factos e números que são relativamente insignificantes para o utilizador. Trata-se de uma peça ou coleção de factos em bruto que representam pessoas, objectos e as actividades diárias de uma empresa, que pode ser uma igreja, um hospital, uma escola, um ministério do governo, uma organização empresarial, etc. Os dados são um recurso valioso em qualquer organização. As informações são dados que foram colocados num contexto significativo e útil e comunicados a um destinatário que os utiliza para tomar decisões. A informação envolve a comunicação e a receção de informações ou conhecimentos. Notifica, surpreende e estimula, reduz a incerteza, revela alternativas adicionais ou ajuda a eliminar alternativas irrelevantes ou pobres, influencia os indivíduos e estimula-os a agir, especialmente nos negócios, a informação deve dar sinais de alerta precoce e retratar o futuro. A informação consiste em dados, imagens, texto, documentos e voz, muitas vezes inextricavelmente interligados, mas sempre organizados num contexto significativo. A informação nem sempre viaja diretamente do sistema físico para o gestor. Muitos gestores estão localizados a alguma distância da atividade física. Estes gestores têm de obter informação de um sistema ou procedimento que produz a informação a partir dos dados recolhidos. Este mecanismo de produção de informação é designado por processador de informação. A informação é um dos principais tipos de recursos à disposição do gestor. A informação pode ser gerida como qualquer outro recurso. A informação produzida pelos computadores é utilizada pelos gestores, pelos não gestores e pelas pessoas e organizações que fazem parte do ambiente da empresa. A informação é o agente de ligação que mantém uma organização unida para um melhor funcionamento e coordenação e para a sobrevivência e crescimento num ambiente competitivo hostil. De facto, as indústrias de hoje funcionam com base na informação. As qualidades da informação nas mãos de quem a pode utilizar eficazmente são as seguintes: uma boa decisão conduzirá a um desempenho eficaz da gestão, o que levará à realização bem sucedida dos objectivos organizacionais.

7.3 QUALIDADES/ATRIBUTOS DA INFORMAÇÃO

Acessibilidade: Refere-se à facilidade e rapidez com que a informação pode ser obtida.

Abrangência: Refere-se ao carácter exaustivo da informação. Uma informação incompleta afecta a decisão de gestão e conduz a uma ação de gestão incompleta.

Exatidão: Diz respeito ao grau de isenção de erros da informação, especialmente quando se trata de grandes volumes de dados. Os erros de transcrição, de transposição e de cálculo são exemplos.

Adequação: Refere-se à forma como a informação se relaciona com o pedido do utilizador. Esta informação deve ser relevante para o assunto em causa.

Atualidade: Diz respeito ao tempo decorrido do ciclo de entrada, processamento e comunicação dos resultados aos utilizadores. Para que a atualidade da informação aumente, a duração deste ciclo deve ser reduzida.

Clareza: Refere-se ao grau em que a informação está isenta de ambiguidade.

Flexibilidade: Refere-se à adaptabilidade para utilização por mais do que um utilizador.

7.4 FASES DE PROCESSAMENTO DE DADOS

Processamento de dados (PD): Actividades aplicadas na transformação de dados em informação útil, técnicas de recolha, atribuição de significado, comunicação e retenção de dados para utilização posterior. Tradicionalmente, os computadores têm sido utilizados para tarefas básicas de processamento de dados, que, embora afectassem as operações das organizações, não eram em grande parte diretamente significativas para a gestão. Essas aplicações incluíam a preparação de folhas de pagamento, cheques e faturação a clientes. Embora estas aplicações básicas de processamento de dados sejam importantes, e embora em muitas organizações tenham sido informatizadas, cada vez mais o foco está nas aplicações que têm implicações diretas na gestão. Organizações muito pequenas podem funcionar bem com um sistema de informação informal; neste tipo de sistema, a informação pode ser armazenada na mente do proprietário e em pedaços de papel. À medida que uma organização cresce em dimensão e diversidade, os sistemas de informação informais deixam de ser suficientes. A falta de informação bem organizada e a comunicação incorrecta podem causar rupturas organizacionais.

As organizações de maior dimensão devem ter o mesmo tipo de sistema de informação formalizado, que fornece uma base para a tomada de decisões relacionadas com o planeamento, organização, controlo e atuação da empresa.

7.5 Actividades de processamento de dados (produção de informação a partir de dados)

O processamento de dados consiste em recolher os dados brutos de entrada, avaliá-los, ordená-los e colocá-los numa perspetiva adequada, de modo a produzir informação útil. Todo o processamento de dados, quer seja feito à mão ou através do mais recente sistema informático, consiste em três actividades básicas: (1) Capturar os dados de entrada, (2) Manipular os dados e (3) gerir os resultados de saída.

1. Captura: Os dados devem ser originados de alguma forma e verificados quanto à sua exatidão antes de serem processados. Podem ser inicialmente registados em documentos de origem em papel e depois convertidos num formato utilizável por máquina para processamento, ou podem ser capturados diretamente num formato legível por máquina sem papel.

2. Verificação: Refere-se à verificação ou validação de dados para garantir que foram captados e registados corretamente. São exemplos: uma pessoa que revê o trabalho de outra, a utilização de dígitos de controlo em estruturas de codificação, etc.

Manipulação dos dados: Pode ser necessário efetuar uma ou mais das seguintes operações sobre os dados recolhidos:

3. Classificação: Os dados de vendas podem ser classificados como tipo de inventário, tamanho, cliente, vendedor, armazém, expedido de.

4. Organização (ordenação): Coloca os elementos de dados numa sequência especificada ou pré-determinada, por exemplo, um ficheiro de inventário pode ser

organizado por código de produto, nível de atividade, valor em Naira ou por quantidade de outro atributo codificado no ficheiro e considerado desejável por um utilizador.

5. Resumir: Combina ou agrega elementos de dados, por exemplo Reduzir dados no sentido lógico, como no exemplo em que o gestor de pessoal pretende uma lista de nomes de empregados afectos a um departamento num formulário.

6. Cálculo: Implica a manipulação aritmética e/ou lógica de dados, por exemplo, cálculo para determinar o salário dos empregados, a fatura do cliente, a média dos alunos. Os cálculos sofisticados incluem a programação linear, a previsão, etc

7. Armazenamento: Coloca os dados em alguns suportes de armazenamento, como fita magnética, disco, etc., onde podem ser recuperados quando necessário.

8. Recuperação: Consiste em procurar e obter acesso a elementos de dados específicos, a partir do suporte onde estão armazenados.

9. Comunicação: A transferência de dados de um local ou operação para outro, para utilização ou para processamento posterior, é a comunicação de dados - um processo que continua até que a informação esteja numa forma utilizável e chegue ao utilizador final.

10. Reproduzir: Duplica dados de um meio para outro ou para outra posição no mesmo meio, por exemplo, um ficheiro de dados armazenado num disco magnético pode ser reproduzido noutro disco magnético ou numa fita magnética para processamento posterior ou por razões de segurança. (Evernest G.C. 1997).

CAPÍTULO 8

- REDE/INTERNET

8.1 REQUISITOS DE HARDWARE E SOFTWARE PARA COMUNICAÇÕES INFORMÁTICAS

i.) Para que o seu computador comunique com outro, necessita de um software de comunicação e de um cabo adequado.

ii.) Se desejar efetuar uma comunicação através da rede telefónica, necessita de um modem.

iii.) Para ligar o seu computador a outros no seu escritório, necessita de uma rede local.

8.2 Software de comunicações

Está disponível um grande número de pacotes de comunicações, especialmente para o PC, e alguns deles são do domínio público (e portanto gratuitos). Os pacotes de domínio público notáveis são o Kermit e o Procomm. E ao implantar o sistema operativo de rede apropriado, os utilizadores de software destas máquinas podem partilhar armazenamento em disco, impressoras, programas e dados.

8.3 Modems

A palavra modem é a abreviatura de modulador/demodulador, termos utilizados para descrever um dispositivo que permite enviar e receber sinais através de uma linha telefónica. Se quiser comunicar com outros computadores através da linha telefónica, tem de converter a saída digital do seu computador num sinal telefónico analógico (ou seja, semelhante a uma onda) e converter o sinal analógico de entrada num sinal digital do computador. Por isso, é necessário um modem para ligar o computador à tomada telefónica.

8.4 Multiplexador

Trata-se de um dispositivo que combina sinais de entrada de vários computadores e envia o combina sinais de entrada de vários computadores e envia o sinal combinado ao longo do canal de comunicação.

8.5 CANAL

Este é o meio de transmissão que transporta os dados entre o emissor e o recetor, o canal surge ocasionalmente na LAN.

8.6 REDES LOCAIS

As LANs são utilizadas para ligar vários computadores e outros dispositivos periféricos no mesmo local.

No âmbito da rede local - rede dentro de um edifício ou de um apartamento de escritórios, estes computadores estão ligados por cabo. Permitem aos utilizadores partilhar software de aplicações, ficheiros de dados, periféricos como impressoras e serviços comuns fornecidos pelo gestor da rede, como a cópia de segurança diária de ficheiros. Uma LAN é constituída por um único cabo colocado à volta do local, com tomadas ao longo do seu comprimento para ligar os computadores, impressoras e outros dispositivos. Os dados dos dispositivos são enviados pela rede em pequenos pedaços ou pacotes, cada um dos quais inclui o endereço da máquina de destino. Por outras palavras.

REDE LOCAL (LAN)

É um sistema de hardware, software e canais de comunicação que liga dispositivos muito próximos, por exemplo, num edifício que alberga uma instituição como a **WAEC** ou **a JAMB**, sedes em Lagos e Abuja. A LAN permite a circulação de dados (incluindo texto, voz e imagens gráficas) entre computadores mainframe, computadores pessoais, terminais, dispositivos de E/S e PBX.

8.7 REDE DE ÁREA ALARGADA (WAN)

Esta abrange uma vasta área geográfica, como uma nação, um continente ou mesmo o mundo.

8.8 TELECOMUNICAÇÕES

As telecomunicações abrangem não só a comunicação de dados, mas também qualquer tipo de comunicação à distância, como a transmissão de um sinal de televisão.

8.9 ESTAÇÃO DE TRABALHO

Um potente computador de secretária concebido para satisfazer as necessidades informáticas de engenheiros, arquitectos e outros profissionais que necessitam de apresentações gráficas detalhadas; numa LAN, uma estação de trabalho executa programas de aplicação e serve de ponto de acesso à rede.

8.10MÉTODOS DE TRANSMISSÃO

Os modos de transmissão determinam o fluxo de tráfego unidirecional ou bidirecional entre dispositivos. Existem três métodos de transmissão, que são enumerados a seguir:

i) Método Simplex, ii) Half-duplex e iii) Full-duplex

i.) O Simplex move os dados apenas numa direção. Um dispositivo envia e um dispositivo recebe, tal como acontece com as comunicações via rádio e televisão.

ii) Half-duplex, em contrapartida, permite a comunicação bidirecional, mas apenas num sentido de cada vez; os dispositivos revezam-se no envio ou na receção, à semelhança da comunicação por rádio CB.

ii) Full- duplex: Para comunicar em ambas as direcções simultaneamente, utiliza-se o modo fullduplex. Sinais de transmissão separados impedem que as comunicações simultâneas interfiram umas com as outras.

8.11PROTOCOLOS

A comunicação exige um conjunto rigoroso de regras ou procedimentos, designados por protocolos, para manter a comunicação. Os protocolos definem os pormenores técnicos da comunicação, como as regras para iniciar conversas, os passos a seguir para enviar e receber, os caracteres de controlo, os procedimentos de diálogo e as técnicas de deteção de erros. Por vezes, os protocolos são incorporados no hardware pelo fabricante. . Se dois dispositivos não utilizarem o mesmo protocolo, não podem comunicar um com o outro.

8.12Topologias de rede

A palavra topologia implica uma descrição da forma como os vários elementos de um sistema estão fisicamente relacionados entre si. No contexto dos sistemas de rede, utilizamos várias formas diferentes de descrever como os computadores se podem ligar uns aos outros através de um sistema de cablagem. Estas diferentes formas de ligação estão relacionadas com os diferentes tipos de protocolo de rede envolvidos. Existem três tipos principais de topologia de rede, que são as topologias de barramento, estrela e anel.

8.13Topologia de barramento

A topologia de barramento descreve um sistema em que cada computador está ligado a outro através da ligação a um cabo comum. O sistema de rede partilha então um único cabo comum que vai de um computador para outro. A topologia de barramento tem uma vantagem distinta em relação a outros sistemas de cablagem. A informação pode ser transmitida de um computador diretamente para outro sem passar por todos os outros modos. A falha de um computador da rede não afecta os outros computadores da rede.

Utiliza um único cabo e não necessita de hardware adicional para implementar a rede. Este facto torna este sistema relativamente fácil e dispendioso de implementar.

8.14Topologia em estrela

A topologia em estrela descreve um sistema em que todos os computadores estão ligados a um sistema de distribuição central (ou seja, um computador anfitrião). O computador anfitrião pode ser um mainframe ou um computador mais pequeno. Normalmente, a base de dados e a impressora fazem parte deste computador anfitrião. Os outros nós estão ligados ao anfitrião e todas as mensagens são encaminhadas através do anfitrião. Se o computador central falhar, o mesmo acontece com a rede. Este sistema permite a incorporação de sistemas de controlo inteligentes no centro de distribuição.

8.15Topologia em anel

A topologia em anel é a disposição física de uma rede local em que todos os nós estão ligados num círculo, sem um computador central. As mensagens viajam à volta do círculo, formando a rede. A palavra Internet significa literalmente rede de redes. Em si mesma, a Internet era composta por milhares de pequenas redes regionais espalhadas por todo o globo. Muitas pessoas poderão dizer que "a Internet não é propriedade de ninguém". No entanto, isso não é totalmente correto. Diferentes empresas comerciais permitem-lhe ligar-se à Internet e aceder às informações nela armazenadas. São os chamados fornecedores de serviços Internet (ISP). Tal como a companhia telefónica ou a Nigeria Telecommunication Limited (Nitel) lhe fornece uma linha telefónica para contactar qualquer pessoa no mundo, um ISP fornece-lhe uma linha de computador para se ligar a qualquer pessoa no mundo da Internet. Não existe uma organização responsável pelas informações armazenadas na Internet. Os próprios fornecedores são responsáveis pelas informações que fornecem. Ninguém controla a informação; a informação é gratuita e o utilizador pode obter toda a informação que quiser à custa das suas contas telefónicas e dos seus pontos de crédito junto do seu ISP. (Burton B.F. 1995).

8.16COMO FUNCIONA A INTERNET

A Internet existe porque as pessoas também a querem. As pessoas têm a necessidade de serem reconhecidas no mundo da informática ou de se tornarem famosas. É esta vontade básica que as motiva a manter o fogo da Internet aceso. As empresas, as instituições e os indivíduos, de acordo com os seus meios, colocam informação na Internet. A Internet fornecer-lhe-á toda a informação que conseguir, desde que saiba navegar na rede.

8.17LIGAÇÃO À INTERNET

Para se ligar à Internet, é necessário dispor de algum hardware e software básico.

Um computador pessoal (PC)

(i.) Um modem (com uma linha telefónica)

(ii.) Um ISP Um ISP fornece acesso à Internet. Deve também, em muitos casos, fornecer todo o software necessário para ligar o computador à Net. Fornece também um conjunto de software de ferramentas para a Internet, como um navegador Web ou uma aplicação de correio eletrónico.

(iii.) Um sistema operativo (o mais utilizado atualmente é o Microsoft Windows 95/98 e o Mac O/S

(iv.) Um programa de navegação na Internet, por exemplo, Microsoft Internet Explorer, Nescape, Eudora, Lynx, Mosaic, etc.

8.18REDE TELEFÓNICA

A Rede Dialup do Windows=95 é responsável pela ligação ao seu ISP e pelo estabelecimento de uma ligação TCP/IP. A Rede Dialup não verifica o seu correio eletrónico, nem transfere ficheiros, nem o leva para um sítio Web. Outros programas, como o navegador de Internet, fazem isso. No entanto, estes browsers dependem da Rede Dialup para estabelecer a ligação ao seu fornecedor de serviços.

Em suma, para se ligar à Internet, é necessário um computador pessoal (de preferência compatível com o Y2K), uma linha telefónica, um modem e um ISP.

O modem é um dispositivo de hardware que trata da comunicação entre o computador e o ISP. Normalmente, quanto mais rápido for o modem, melhor será o desempenho da Internet. Também é necessário ter uma boa quantidade de memória no seu PC. O ISP dá-lhe acesso à Internet. Alguns destes ISP que temos aqui na Nigéria incluem: Linkserve, Info web, Micros Com, Hyperia, Ross.

8.19FERRAMENTAS NO EXPLORADOR PARA A REDE

WWW - World Wide Web: A WWW ou a Web introduz um sistema de organização, transmissão e recuperação de todo o tipo de informação armazenada nos servidores de todo o mundo. (A Web foi originalmente concebida e desenvolvida no laboratório CERN, na Suíça)

A WWW ou Web é um sistema global que armazena e organiza informações na Internet. As informações na WWW são acedidas e visualizadas através da utilização de um guia turístico de computador chamado navegador Web.

Cada sítio na Web tem o seu próprio Localizador Uniforme de Recursos (URL: http//www.xxx.yyy.zz/Y), que identifica o sítio e ajuda a localizá-lo na Web.

Um sítio Web é o local na WWW onde estão armazenadas as informações que procuramos. Um Web Browser é uma ferramenta para navegar através da informação armazenada na World Wide Web.(Burton P.F.1995)

8.20TELNET

A TELNET permite-lhe aceder a outro computador na Internet. Esse computador é conhecido como computador remoto. Uma vez ligado a um computador remoto, é como se o seu teclado estivesse ligado a esse computador, que passa a ser o seu anfitrião. Pode fazer o que as pessoas que utilizam regularmente esse computador podem fazer. Frequentemente, se o computador que utiliza para aceder à Internet não tiver o software cliente específico com que pretende trabalhar, pode utilizar o telnet para se ligar a outro computador que tenha as ferramentas adequadas.

8.21PROTOCOLO DE TRANSFERÊNCIA DE FICHEIROS

Tal como o nome indica, facilita a transferência de ficheiros de um computador para outro. Tornou-se a linguagem comum para a partilha de dados. Ao contrário do Telnet, em que é frequente saber uma palavra-passe específica para entrar com sucesso no computador remoto, o FTP anónimo TORNOU-SE

LUGAR COMUM:. Com o FTP anónimo, qualquer pessoa na Internet pode transferir ficheiros de (por vezes) para um sistema remoto utilizando a palavra anónimo como identificação do utilizador.

8.22NOTÍCIAS USENET

A USENET é uma rede de vários milhares de quadros de avisos em linha organizados em "grupos de notícias" orientados para um tema. Nestes grupos de notícias, as pessoas lêem e colocam (como num quadro de avisos em papel) mensagens relacionadas com o tema que o sítio do novo grupo abriga. Já existem mais de 10.000 grupos de notícias com participantes que vão desde entusiastas de computadores a compositores de música. A Usenet é uma das muitas redes ligadas à Internet e acessíveis através dela.

8.23GOPHER

O Gopher foi o primeiro programa a investigar o processo de pesquisa e recuperação de informação na Internet. Tal como outras aplicações da Internet. O Gopher é composto por servidores e software cliente. Mais de 2.000 servidores Gopher foram ligados. Quando o utilizador encontra algo que deseja, o software cliente Gopher recupera-o através de comandos baseados em menus. Com o Gopher não importa exatamente onde se encontra a informação pretendida, nem o tipo de informação que se pretende obter. Também não importa a ferramenta que precisa de utilizar para obter essa informação. Utiliza ferramentas do menu para efetuar cada operação.

8.24COMO FUNCIONA O CORREIO ELECTRÓNICO

O correio eletrónico funciona de forma muito semelhante ao correio normal, mas é apenas mais rápido. Os utilizadores da Internet chamam ao correio normal "correio de caracol" por ser tão lento. Num ambiente de correio eletrónico, todos têm uma caixa de correio, com um endereço, tal como no correio normal. A diferença é que uma caixa de correio eletrónico é eletrónica e está armazenada num servidor de um fornecedor de serviços Internet. O ISP funciona da mesma forma que os correios locais perto das nossas casas. Para além da sua estação de correios local, existem outras estações de correios em todo o mundo, onde o correio é entregue e recebido. O mesmo se aplica ao correio eletrónico. O ISP a que está ligado é um de mais de um milhão de servidores chamados HOSTS. Estes anfitriões estão espalhados por todo o mundo e estão ligados entre si. Quando envia uma mensagem de correio eletrónico, esta é primeiro transferida do seu PC para o seu Anfitrião (ISP). De acordo com o endereço do destinatário, a mensagem de correio eletrónico percorre os diferentes Hosts até chegar à caixa de correio do destinatário no seu próprio Host. Em seguida, o destinatário recebe a sua mensagem de correio eletrónico depois de se ligar ao seu ISP.

8.25Endereçamento e construção de correio eletrónico

Um endereço de correio eletrónico é composto por um nome de utilizador e um endereço de computador do ISP, separados por um sinal @; por exemplo, Eunapraise@ infoweb.abs.net. A partir do endereço de correio eletrónico acima; Eunapraise, o nome de utilizador, é o nome da caixa de correio eletrónico. É preferível escolher um nome que faça sentido para a correspondência. Infoweb.abs B representa o nome do computador que tem a conta de Internet. Normalmente, tem o nome da organização a que pertence o ISP. Em alguns casos, o nome do computador (infoweb) é composto por várias partes, separadas por pontos.

Net B é o nome de domínio. Representa o tipo de organização a que pertence o seu ISP. Segue-se uma lista dos nomes de domínio mais comuns:

Com/co = Organização Comercial

Int = Organização Internacional

Org = Organização sem fins lucrativos

Gov = sítio governamental (não militar)

Ac = Instituição Académica

Net= Rede

Mil =militar

No entanto, nos Estados Unidos, a maioria dos endereços de correio eletrónico não inclui um código de país. Código do país - Em alguns casos, o código do país é acrescentado ao endereço de correio eletrónico, por exemplo, Letter@guardian.co.uk

au = Austrália

br = Brasil

de = Alemanha

fr = França

it = Itália

jp = Japão

se = Suécia

ca = Canadá

uk = Reino Unido

us = EUA

CAPÍTULO 9

SISTEMA, SUBSISTEMA E SUPERSISTEMA

9.1 SISTEMA

Um sistema pode ser descrito como um grupo de elementos inter-relacionados que estão integrados com o propósito comum de atingir um determinado objetivo, aceitando inputs e produzindo outputs num processo de transformação organizado. Por esta definição, uma organização, como uma empresa ou uma área funcional, é um sistema. A organização é constituída por recursos físicos como mão de obra, material, máquinas, dinheiro e informação concetual (incluindo dados) e trabalha para atingir objectivos específicos especificados pelos proprietários ou pela administração. Outros exemplos de sistemas são o sistema biológico, o sistema empresarial, o sistema elétrico, o sistema de dados, o sistema educativo, o sistema operativo, o sistema matemático, o sistema de som, o sistema de eliminação de resíduos, o sistema informático, o sistema de filas de espera, etc. A teoria geral dos sistemas afirma que um sistema é uma totalidade em que o todo é maior do que a soma algébrica de todas as partes elementares individuais do sistema.

Por conseguinte, é profissionalmente correto que um gestor considere a sua organização como um sistema. Esse gestor teria tornado o processo de resolução de problemas mais fácil e mais eficaz.

9.2 SUBSISTEMA

Um subsistema é simplesmente um sistema dentro de um sistema. Isto significa que os sistemas existem em mais do que um nível, ou seja, os sistemas podem ser compostos por subsistemas ou partes elementares. Por exemplo, o sistema da empresa inclui subsistemas do banco que podem ser departamentos como a poupança, o depósito à ordem (contas correntes) e o empréstimo a prestações.

9.3 SUPERSISTEMA

Quando um sistema faz parte de um sistema maior, o sistema maior é o super sistema. Por exemplo, o sistema da empresa existe num ou mais sistemas ambientais ou super sistemas. Se a empresa é um banco, por exemplo, faz parte do sistema financeiro comunidade. Também faz parte da comunidade empresarial, da comunidade local e da comunidade global. A principal responsabilidade do gestor é garantir que a empresa cumpre os seus objectivos, assegurando que as várias partes da empresa trabalham em conjunto como devem. Estas definições são ilustradas no diagrama seguinte:

A empresa é um subsistema dentro de super-sistemas e sistemas:

9.4 Elementos básicos do sistema

Uma configuração básica do sistema é constituída pelos seguintes elementos: elemento de entrada, processo de transformação e elemento de saída. Além disso, alguns sistemas têm um ciclo de feedback, um mecanismo de controlo e objectivos. Os recursos de entrada são transformados em recursos de saída. Os recursos fluem do elemento de entrada, através do elemento de transformação, para o elemento de saída. Um mecanismo de controlo monitoriza o processo de transformação para garantir que o sistema cumpre os seus objectivos. O mecanismo de controlo está ligado ao fluxo de recursos por meio de um circuito de retorno de informação, que obtém informação da saída do sistema e a disponibiliza ao mecanismo de controlo. O mecanismo de controlo compara os sinais de feedback com os objectivos e dirige sinais para o elemento de entrada quando é necessário alterar o funcionamento do sistema. (Date Co. J. 1986)

9.5 Relação diagramática dos elementos do sistema

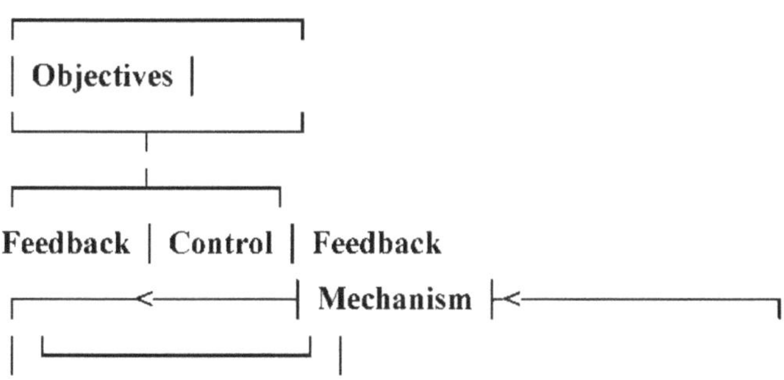

A feedback is data about performance of a system.

Os elementos básicos do sistema ou mecanismo de controlo são os seguintes

i. Planeamento da especificação: Deve ser definida uma norma que especifique o desempenho esperado.

ii. Recolha de factos: Uma medição do desempenho real para verificar a exatidão, a rapidez e os resultados previstos.

iii. Comparação: Esta tentativa de isolar a razão de qualquer variação

iv. Ação corretiva: Esta ação pode ser realizada através de feedback.

Nem todos os sistemas são capazes de controlar as suas próprias operações. Um sistema sem mecanismo de controlo, ciclo de feedback e elemento objetivo é designado por *sistema dinâmico.*

1. A entrada envolve a captura e a montagem de elementos que são utilizados para alimentar os dados a serem processados. Exemplos disso são as matérias-primas, os dados administrativos sobre a atividade e as pessoas.

2. O processamento envolve processos de transformação que convertem o input em output significativo. Exemplos disso são os cálculos matemáticos e um processo de fabrico.

3. A produção envolve os elementos que comunicam os resultados do processamento ao mundo exterior ou ao destino final para benefício dos utilizadores. Exemplos destes elementos são a informação de gestão, os produtos acabados e os serviços humanos.

4. O feedback é definido como dados sobre o desempenho de um sistema. Por exemplo, os dados sobre o desempenho dos exames constituem um feedback para um responsável pelos exames.

5. O controlo envolve a monitorização e a avaliação do feedback para determinar se um sistema está a avançar para a realização dos objectivos. A função de controlo efectua então os ajustamentos necessários aos componentes de entrada e processamento de um sistema para garantir que este produz os objectivos definidos.

9.6 TAXONOMIA DOS SISTEMAS

Existem três categorias de sistemas: Sistema probabilístico, sistema cibernético e sistema determinístico.

Sistema probabilístico

O sistema probabilístico, também designado por sistema estocástico, é aquele cujo resultado não pode ser previsto com exatidão. Ou seja, não se sabe ao certo quais os resultados que serão obtidos a partir de um input específico, porque estes sistemas estão sujeitos a influências aleatórias do ambiente interno e externo, pelo que não podem ser previstos com exatidão. Os exemplos incluem o sistema empresarial, o sistema económico e, em particular, o sistema agrícola.

Sistema determinístico

Um sistema determinístico, também designado por sistema mecanicista, é um sistema cujos padrões de comportamento podem ser previstos se o seu estado atual e as suas caraterísticas de funcionamento forem conhecidos. Este tipo de sistema funciona de acordo com um conjunto pré-determinado de regras. Um bom exemplo de um sistema determinístico é um programa de computador. O programador de computador sabe de antemão o resultado que o seu programa produzirá, se o programa não tiver erros.

Sistema cibernético

A abordagem científica ao estudo da forma como a informação é movimentada e controlada num sistema específico é conhecida como cibernética. Um sistema cibernético é um sistema que se adapta automaticamente ao seu ambiente. Um sistema com componentes de feedback e de controlo é por vezes designado por sistema cibernético, que é um sistema de auto-monitorização e de autorregulação. O comportamento do sistema cibernético é objeto de uma investigação científica rigorosa.

9.7 SISTEMAS ADAPTATIVOS:

Trata-se de um sistema dinâmico que responde a circunstâncias variáveis, ajustando o seu comportamento numa base de auto-organização. O sistema altera os seus parâmetros em resultado da medição dos resultados. O exemplo inclui sistemas organizacionais como os seres humanos. O grau de adaptação de uma empresa depende, em grande medida, do calibre da sua gestão.

9.8 SISTEMAS ABERTOS e FECHADOS

Independentemente da sua categoria, um sistema é fechado ou aberto. É importante notar que um sistema não existe no vácuo; pelo contrário, existe e funciona num ambiente que contém outros sistemas.

SISTEMA ABERTO

Um sistema que interage com outros sistemas através do intercâmbio de componentes de entrada e saída com os seus elementos ambientais, tais como clientes, fornecedores, concorrentes, a força de trabalho, o governo e a comunidade global, é designado por *sistema aberto.* Uma empresa e a maioria dos sistemas que ocorrem naturalmente no mundo dos negócios são exemplos de sistemas abertos. O sistema tem de se adaptar às mudanças do seu ambiente, sempre que necessário, para garantir a sua existência contínua. Além disso, um sistema empresarial deve ser capaz de se reorganizar para fazer face à evolução das situações de mercado. Um sistema de informação também deve ser capaz de se adaptar à evolução da procura de informação.

SISTEMA FECHADO

Um sistema cuja função e comportamento não são afectados pelo seu ambiente é um sistema fechado. Ou seja, é autónomo e os elementos de entrada/saída não interagem com elementos ambientais exteriores. O exemplo inclui reacções químicas num laboratório controlado.

9.9 NATUREZA DE UM SISTEMA

Existem essencialmente quatro (4) pontos de vista que apoiam o conceito geral de sistema. Estas incluem os seguintes atributos:

a.) Sinergia: Todos os sistemas são constituídos por subsistemas e, para que um Sistema de Informação de Gestão seja significativo, os subsistemas devem atuar como um corpo único em que o todo é maior do que a soma de todos os subsistemas.

b.) Hierarquia: O sistema, quando visto como um todo, é composto por subsistemas nos quais o controlo flui numa sequência ordenada do topo para a base.

c.) Interdependência: Todas as partes de um sistema constituem um todo indissolúvel, de modo que nenhuma parte pode ser alterada sem afetar as outras partes.

d.) Sub-optimalidade: Trata-se de uma situação em que os subsistemas se tornam egoístas e egocêntricos e perseguem os seus próprios objectivos de forma independente. O efeito global pode ser prejudicial para a existência de toda a organização. (Korenke D. 1978).

9.10GESTÃO

Esta é uma parte integrante de qualquer organização. A sobrevivência de qualquer organização depende em grande medida da qualidade dos serviços de gestão ou administração disponíveis. A gestão pode ser simplesmente definida como a organização e a mobilização de todos os recursos humanos e materiais num determinado sistema para a realização de objectivos identificados no sistema. As duas palavras-chave são "humanos" e materiais. É da competência da gestão que os recursos humanos e materiais de um sistema sejam organizados e mobilizados para que os objectivos do sistema possam ser alcançados ao máximo. Assim, a administração ou gestão influencia os resultados a alcançar, a direção a seguir e as prioridades a reconhecer. Druker (1994) considera que a gestão designa uma função, bem como as pessoas que a desempenham. Além disso, considera a gestão como:

Ocorre num contexto organizacional estruturado e com funções prescritas. Orientado para a consecução de objectivos e metas.

Conseguido através do esforço de outras pessoas; e

Sistemas e procedimentos utilizados;

9.11FUNÇÕES DE GESTÃO

As funções de gestão incluem o seguinte:

Fayol desenvolveu alguns princípios universais que caracterizam a administração e a gestão bem sucedidas. Estes podem ser aplicados a qualquer organização, seja ela industrial, educativa ou governamental. **Esses elementos são:**

P=Planeamento

O=Organização

D=Direção

C=Co-coordenação

C=Controlo

Planeamento

Esta é a primeira etapa de qualquer função administrativa. Implica a adoção de medidas para o futuro. Trata da forma de utilizar o tempo, o pessoal e o equipamento no futuro. O futuro pode começar com dias, semanas, meses ou anos. O planeamento é geralmente considerado como a procura do melhor método para atingir esses objectivos.

Organização

O gestor decide quais os postos de trabalho que devem ser preenchidos e os deveres e responsabilidades inerentes a cada um deles. Uma organização eficaz implica que as pessoas certas sejam afectadas às funções corretas no momento adequado. As actividades devem ser atribuídas a indivíduos com base nas suas qualificações, experiência e interesses. Por parte do gestor, é necessária muita sabedoria, maturidade e objetividade.

Direção

Dirigir implica dar ao pessoal pormenores sobre a forma de realizar o seu trabalho. Não se trata de uma atividade única, mas sim de uma atividade contínua. Os funcionários têm de ser continuamente colocados no caminho certo.

Coordenação

Trata-se de relacionar as actividades de diferentes unidades entre si para garantir que as diferentes actividades sejam cumpridas, de modo a atingir os objectivos estabelecidos. A coordenação ocorre quando as numerosas actividades da organização são planeadas, organizadas, dirigidas e controladas.

Controlo

É a medição e a correção das actividades que contribuem para a realização dos objectivos planeados. Alguns autores referem que a apreciação, a avaliação e a supervisão são os instrumentos administrativos para controlar, dirigir e liderar. Estes elementos de gestão podem ser vistos como um acontecimento cíclico. Fayol foi mais longe e identificou uma lista de catorze princípios dos quais dependem a solidez e o bom funcionamento de uma organização:

Divisao

Autoridade

Discípulo

Unidade de comando

Unidade de direção

Subordinação do interesse individual ao interesse geral

Remuneração do pessoal

Centralização da autoridade

Cadeia de comando

Encomendar

Património

Estabilidade do pessoal

Iniciativa

Espírito de corpo

9.12CATEGORIAS DE INFORMAÇÃO

Existem três categorias principais de informação e estas estão relacionadas com o objetivo para o qual a informação é utilizada. As três categorias de informação são: Informação estratégica, tática e operacional.

INFORMAÇÃO ESTRATÉGICA (gestão de topo): Esta informação é utilizada pelos gestores de topo para planear os objectivos da sua organização e para avaliar se os objectivos estão a ser cumpridos na prática. Um exemplo é o Conselho de Administração, cujas funções incluem planear a gama de produtos, planear a expressão em novos mercados e estabelecer, pelo menos, um plano de 5 anos e planos anuais para a empresa. As informações necessárias incluem informações muito resumidas sobre as actividades da empresa até à data, por exemplo, vendas, transacções, previsões, conhecimento das actividades da concorrência e conhecimento do clima económico geral.

INFORMAÇÃO TÁTICA (gestão intermédia): É utilizada pela gestão intermédia para decidir como os recursos da empresa devem ser utilizados e para controlar a forma como estão a ser e foram utilizados. Por exemplo, os gestores de vendas cujas funções incluem: assegurar que os objectivos de vendas são atingidos, determinar o plano de vendas mensal e corrigir as variações do plano. Exemplos de informações necessárias - análise das vendas mensais, condições de mercado, concorrentes, actividades.

INFORMAÇÃO OPERACIONAL (gestão de baixo nível): É utilizada pelos gestores de nível inferior para o funcionamento diário ou horário da sua secção. Os utilizadores da informação operacional incluem: capatazes, chefes de secção, vendedor, etc., para garantir que as tarefas específicas são planeadas e executadas corretamente na fábrica ou no escritório. As informações necessárias incluem os preços dos artigos, a notação de crédito dos clientes, a disponibilidade de stocks, etc.

9.13CARACTERÍSTICAS DA INFORMAÇÃO OPERACIONAL

i) É derivado quase inteiramente de fontes internas

ii) É muito pormenorizado

iii) Está relacionado com o prazo imediato

iv) É específico da tarefa

v) É preparado constantemente ou muito frequentemente

vi) É essencialmente quantitativo

9.14CARACTERÍSTICAS DA INFORMAÇÃO TÁCTICA

i) É relevante a curto e médio prazo

ii) Descreve ou analisa as actividades dos serviços

iii) É preparado de forma rotineira e regular

iv) Baseia-se em medidas quantitativas (previsões de tesouraria, controlo orçamental ou relatórios de análise das variações, necessidades de compras a curto prazo).

9.15CARACTERÍSTICAS DA INFORMAÇÃO ESTRATÉGICA

i) É derivado de fontes internas e externas

ii) Normalmente resumido

iii) Relevante a longo prazo (iv) Diz respeito a toda a organização (v) É simultaneamente quantitativo e qualitativo (por exemplo, rendibilidade global, perspectivas futuras do mercado, necessidades totais de tesouraria, necessidades de equipamento de capital).

CAPÍTULO 10

- FORMAS DE ATINGIR OS OBJECTIVOS ORGANIZACIONAIS

10.1 SISTEMA DE INFORMAÇÃO DE GESTÃO (MIS)

Um Sistema de Informação de Gestão (SIG) pode ser definido como um conjunto de dados (por exemplo, factos e opiniões) que são processados (por exemplo, resumidos, categorizados ou projectados) de tal forma que resultam em informação inteligente que a gestão pode utilizar para tomar decisões e que a organização pode utilizar para atingir os seus objectivos. O MIS também pode ser definido como a combinação de recursos humanos e informáticos que resulta na recolha, armazenamento, recuperação, comunicação e utilização de dados para efeitos de gestão eficiente das operações e para o planeamento empresarial. O principal objetivo do SIG é utilizar procedimentos formalizados para fornecer à gestão informações adequadas de todas as fontes relevantes, que permitam ao gestor tomar decisões atempadas e eficazes. A informação deve ser fornecida com um nível de precisão aceitável e a um custo económico. Os sistemas de informação de gestão enquadram-se geralmente em diferentes tipos de actividades. As actividades dos SIG podem ser descritas ou definidas em termos da utilização que pode ser dada à informação gerada: Estas actividades incluem as seguintes:

i. Processamento de transacções,

ii. Controlo operacional,

iii. Controlo de gestão,

iv. Planeamento estratégico.

À medida que a empresa ganhava experiência na implementação de projectos de SIG à escala da empresa, os gestores de determinadas áreas começaram a aplicar o conceito às suas próprias necessidades. Estas fracções de sistemas de informação, ou subconjuntos do MIS, são adaptados para satisfazer as necessidades de informação dos utilizadores relativamente à área funcional.

Os sistemas de informação organizacionais podem incluir o seguinte:

i. Sistema de Informação de Marketing,

ii. Sistema de Informação sobre fabrico,

iii. Sistema de informação financeira,

iv. Sistema de Informação de Recursos Humanos,

v. Sistema de Informação de Recursos de Informação.

vi. Sistema de Informação Executiva.

10.2. ESTRUTURA DO SISTEMA DE INFORMAÇÃO DE GESTÃO (MIS)

1. Planeamento estratégico e controlo: "O planeamento estratégico é o processo de decisão sobre os objectivos da organização, sobre as alterações a esses objectivos, sobre os recursos utilizados para atingir esses objectivos e sobre as políticas que devem reger a aquisição, a utilização e a disposição desses recursos." Algumas coisas podem ser ditas sobre o planeamento estratégico em geral. Em primeiro lugar, centra-se na escolha dos objectivos. Consequentemente, um dos principais problemas nesta área é prever o futuro da organização e do seu ambiente. Em segundo lugar, o processo estratégico envolve normalmente um pequeno número de pessoas de alto nível que trabalham de forma não repetitiva e, muitas vezes, muito criativa. A complexidade dos problemas que surgem e a forma não rotineira como são tratados tornam bastante difícil avaliar a qualidade deste processo de planeamento.

2. Controlo de gestão: A segunda categoria definida por Anthony é o controlo de gestão: "o processo pelo qual os gestores asseguram que os recursos são obtidos e utilizados de forma eficaz e eficiente na realização dos objectivos da organização". O autor salienta três aspectos fundamentais deste domínio. Em primeiro lugar, a atividade envolve interação interpessoal. Em segundo lugar, tem lugar no contexto das políticas e objectivos desenvolvidos no processo de planeamento estratégico. Em terceiro lugar, o objetivo primordial do controlo de gestão é a garantia de um desempenho eficaz e eficiente.

3. Controlo operacional e planeamento: A terceira categoria de Anthony é o controlo operacional, ou seja, "o processo de garantir que tarefas específicas sejam realizadas de forma eficaz e eficiente". A distinção básica entre o controlo de gestão e o controlo operacional é que o controlo operacional diz respeito a tarefas (como o fabrico de uma peça específica), ao passo que o controlo de gestão diz respeito, na maioria das vezes, a pessoas. No domínio do controlo operacional, a capacidade de discernimento é menor porque os objectivos e os recursos da tarefa foram cuidadosamente definidos através da atividade de controlo de gestão.

A importância do SIG para as organizações empresariais

A importância da implementação de um sistema de informação de gestão inclui o seguinte

- Prestação de melhores serviços aos clientes
- Facilita o processo de tomada de decisão dos gestores
- Reforça as funções de planeamento e controlo da gestão
- O conteúdo informativo do SIG pode ser utilizado por muitos gestores para as suas diferentes necessidades
- Pode ser utilizada para obter vantagens competitivas no mercado
- Poupanças/reduções de custos previstas
- Aumento do volume de produção e do lucro
- Aumento do nível de precisão
- Melhoria do tempo de resposta
- Melhoria do ambiente de trabalho
- Benefícios tangíveis, por exemplo, relações com os clientes e consecução dos objectivos estabelecidos.

Caraterísticas dos MIS

(a) Os SIG apoiam a tomada de decisões estruturadas a nível operacional e de controlo de gestão. No entanto, são igualmente úteis para efeitos de planeamento dos quadros superiores.

(b) Os SIG são geralmente orientados para a elaboração de relatórios e para o controlo. São concebidos para dar conta das operações existentes e, por conseguinte, para ajudar a assegurar o controlo quotidiano das operações.

(c) Os MIS baseiam-se nos dados e fluxos de dados existentes na empresa;

(d) Os SIG têm pouca capacidade de análise

(e) SIG geralmente utilizados na tomada de decisões com base em dados passados e presentes

(f)O MIS é relativamente inflexível

(g) O MIS tem uma orientação interna e não externa

10.3. INTERESSE CRESCENTE EM MIS

Razões pelas quais os gestores têm um interesse crescente nos sistemas de informação

1 Atualmente, há menos tempo disponível entre o momento em que um problema é apresentado à gestão e o momento em que é necessária uma solução. A complexidade das organizações, bem como o volume e a dimensão dos problemas, exigem sistemas de informação que facilitem uma tomada de decisão correta e precisa

2 Alterar as atitudes do público em relação à organização e à autoridade, criar a necessidade de sistemas de informação O executivo deve ser capaz de responder de forma mais sensível aos inquéritos e pedidos de membros activos e sérios do público, por exemplo, governo, grupos de consumidores, acionistas, investigadores e unidades de investigação.

3 Cada vez mais, as organizações contam com pessoas sofisticadas e com um nível de formação mais elevado, cujo trabalho está relacionado com processos de tecnologia superior, por exemplo (investigação e desenvolvimento, organizações orientadas para a ciência, automação e sistemas informáticos e estudos de mercado). Os executivos devem ser capazes de liderar esses recursos humanos, incluindo a avaliação das suas actividades e informações.

4 Muitas organizações ganharam experiência com computadores e, até certo ponto, estabeleceram os elementos básicos de processamento de dados que permitem avançar para o SIG.

5 O hardware e o software informático necessários para lidar com as abordagens de nível MIS estão atualmente disponíveis, ao contrário do que acontecia há alguns anos atrás (Date Co.J. 1986}.

MIX
Papier aus verantwortungsvollen Quellen
Paper from responsible sources
FSC® C105338

Printed by Books on Demand GmbH, Norderstedt / Germany